JN113508

韓民族の進路

—社会再建の理念—

朴　正　熙　著

（題字著者直筆）

東　和　新　聞　社

展望社復刻再版

著者略歴

慶尚北道善山郡出身
西紀一九一七年九月三十日生

△一九三七年＝大邱師範学校首席卒業
△一九三七〜四〇年＝慶北聞慶南国民学校教師歴任
△一九四〇年＝満洲軍官学校入学
△一九四二年＝満州軍官学校二年課程初等班のとき優秀生徒として日本陸軍士官学校入学の特典をうける
△一九四四年＝日本陸軍士官学校を次席三番で卒業
△一九四五年＝第二次大戦末、日本陸軍中尉で除隊
△一九四六年＝大韓民国陸軍士官学校二期卒業、大尉に任官
△一九五三年＝陸軍准将に任官。米国オクラホーマ州米陸軍砲兵学校において専門課程教育を受ける
△一九五四年＝陸軍砲兵学校長兼陸軍砲兵司令官に任命さる
△一九五五年＝第五歩兵師団長を歴任
△一九五七年＝国防大学入校、第六軍団本部長と軍団長代理を兼務、第七歩兵師団長に任命さる
△一九五八年＝陸軍少将に昇進、第一軍司令部参謀長に任命さる
△一九五九年＝第六軍管区司令官に任命さる
△一九六〇年＝陸軍軍需基地司令官に任命さる。第一軍管区司令官、第二軍司令部副司令官を歴任
四・一九学生革命

△一九六一年＝五・一六軍事革命を主導、国家再建最高会議議長に被選、陸軍中将に昇進。
陸軍大将に昇進
△一九六二年三月＝尹潽善大統領辞任に伴い、大統領代行
△一九六三年一〇月＝第五代大統領に当選
△一九六四年六月＝韓日会談反対デモに対し「非常戒厳令」宣布
△一九六五年一月＝ベトナム戦争に派兵決定
五月＝訪米し、ジョンソン大統領と会談
六月＝韓日基本条約調印
△一九六六年二月＝マレーシア、タイ、中華民国（台湾）歴訪
△一九六七年五月＝第六代大統領に当選
△一九六八年九月＝オーストラリア、ニュージーランド歴訪
△一九六九年八月＝訪米しニクソン大統領と会談
九月＝大統領三選可能とする改憲案
△一九七一年四月＝第七代大統領に当選
△一九七二年七月＝南北共同声明宣布
一〇月＝維新体制宣布、全国「非常戒厳令」宣布
一二月＝統一主体国民会議で第八代大統領に当選
△一九七四年八月＝夫人の陸英修が在日青年の文世光に暗殺される
△一九七五年二月＝維新体制に対する国民投票
△一九七七年一二月＝輸出高百億ドル達成記念
△一九七八年一二月＝第九代大統領就任
△一九七九年七月＝カーター米大統領、訪韓
△一九七九年一〇月＝釜山・馬山事態収拾のために「衛戍（えいじゅ）令」宣布
△一九七九年一〇月二六日＝金載圭中央情報部長によって狙撃され死亡

序

疲労の身が夜半眼を閉じ、わが民族が歩んできた多難な行路を振返ってみる。われわれが担っている遺産の多くはひどく重く、われわれの行手を遮ぎるかのようだ。ことに八・一五解放後の民族受難史は骨身にしみるものがある。過去十七年の歴史は二つの政権の腐敗、不正により、「貧困の悪循環」に喘ぐ今日の危局を招くにとどまった。

しからば、わが民族には更生の道がないのであろうか。いびつな民族性を正し、健全な福祉民主国家を樹てる道はないのであろうか。一言でいうならば、嘘をいわず、事なかれ主義、安逸主義の生活態度を精算し、勤勉な生活人への「人間革命」を期し、社会改革を通じて「飢える者のない国」「栄える国」にする道はないものであろうかと、あらゆる角度から考究してみた。

必ず道はあるはずである。屈辱と悲しみと辛さにさいなまれた、この民族の前途には必ず更生の道があるはずである。〝叩けば開かれん〟という言葉もあるではないか。

革命という手術だけで患者が元気を回復するものではなく、病因を取除くだけで健康になるものではないということを知った。病がぶり返さないよう恒久的な方策と基礎工事を施しておかなければならない。その道がきっとあるはずだ。この民族の歩んできた道と、歩んで行くべき道を考え、眠られぬままに念頭に浮ぶ事柄をメモし、それを整理したのがこの小著となった。叙述は荒削りで拙いが、私が言わんとする意は断片的ではあるが現われていると思う。

いまわれわれが当面している問題は、大体において三つに要約できるであろう。

第一は、過ぎし日のわれわれ民族史上の悪遺産を反省し、李朝党争史、日帝植民地奴隷根性などを潔よく清算して、健全な国民道を確立することである。人間が革命されずして社会再建は不可能である。

第二に「貧乏から解放」されなければならない。とくにわが農民たちの長い貧困の歴史を終熄させ「デンマーク」のごとき福祉農村再建のために全力を傾注すべきである。われわれはこの年から第一次五カ年経済開発計画に着手した。累積された貧困を一つずつ追放し、工業化された近代国家の土台を構築しなければならない。自由社会の存立のためには、国民の生存権を擁護し得る経済の自立なしには不可能である。「最大限の自由、最少限の計画」を原則として経済計画を完遂し、「漢江辺の奇蹟」をつくりあげることが、そのまま共産主義への勝利の道である。北韓集団は無理な経済発展を強要して、「千里馬」運動を展開しているが、これは国民の自由権を侵害し、民主々義と自由を抹殺する悪毒なやり方といわなければならない。われわれは正しい経済発展は、民主々義的な自由と創造性の中でのみ可能であると考える。中途で挫折する「うさぎ」よりも、辛抱強くゴールに達する「亀の道」を択びたい。

第三に、われわれは健全な民主々義を再建しなければならない。直輸入された民主々義が、韓国の現実の底深く根を下し得ず失敗した解放後の歴史が教えてくれるように、韓国化された福祉民主々義の土台を構築しなければならない。汎国民運動は「健全な民主的公民道」の道場の役割を果すべきであり、自らの代表を選挙し、国を治める民主々義制度を運営することのできる人は、自治精神の涵養につとめなければならない。「国民の支配」は国民の自治精神なしには不可能であろう。自由党治下の韓国を見た外国記者は、韓国で民主々義が成功することを期待するのは、ゴミ箱の中でバラの花が咲くのを望むのと同じだといったが、いまやわれわれはそのゴミ箱のような過去の失敗を肥料とし、その上にバラの花を咲かさずにはおかぬ確信をもつものである。

わが革命政府はすでに民政復旧を約束した。累卵の危機に処したこの民族に対する無限の愛情と、祖国を守護する燃える情熱とで、革命の炬火を掲げたわれわれ革命軍の心には、祖国の繁栄を願う一片丹心（真心）の他何もなかった。したがって民政復旧を行うにしても、この祖国が再び腐敗、不正に染まった旧政治人たちの手に委ねられることを願わないのである。新しい良心的な政治人たちが育成され、彼らが責任をもって国政を運営するならば、われわれはそれ以上何も望むことはないであろう。

革命は改革であり、前進でなければならない。剔抉した傷あとが塞がるまでに、再び旧病菌が侵入することを恐れるものである。ゆえに若き世代の健実な指導勢力が台頭し、新たな政治をしてくれることを希求する。人間革命とは、国政を担当する指導勢力の交替を謂うことでもある。

一九六〇年以後、世界史はついに「後進国の覚醒」時代、その地域をめぐる「経済競争の時代」へと入った。わが民族にとっては内外からする「民族ルネッサンス」の足場を築く好機を迎えたと見ることもできよう。

進んでこの好機を善用するか、再び破局の轍を甘受するかの、厳粛な選択がわれわれを待っている。この再建と破滅の竿頭に立って、民族史の正道を辿り前進しなければならない。

わが民族にも必ずや道があるであろう。豁然と開かれた大道があるはずである。

一九六二年二月

朴正熙

1960年の「4・19革命」の発端となった「3・15不正選挙」時、朴正熙は釜山地区戒厳事務少将だったが、学生と市民に発砲命令を下さず「我われ軍人と装甲車は市民の生命と国民の財産を守るためにやって来たのです。皆さんの望みどおりに李承晩は退陣しました。もう興奮せず、気持ちを鎮めましょう」と言って熱弁をふるった。

朴正熙には、1961年「5・16」当日のサングラスをかけた厳しいイメージがつきまとった。清廉潔白で曲がったことが嫌いな善良な教師のような性格であった。左は後の大統領警護室長の朴鍾圭。右は車智澈

大統領は農作業の後、ハラボジ（お年寄り）たちとマッコリ（濁酒）をくみ交わした。

大統領は子どもたちに接すると、思わず笑みを浮かべた。子どもたちは朴大統領のことを「テトンリョン・アジョシ」(大統領おじさん)と親しみを込めて呼んだ。

収穫期の稲刈り大会にしばしば時間があれば自ら足を運んだ。（1971 年 9 月）

仁川製鉄所を訪れ、若い技術者を労った。（1970 年 10 月）

キムジャン時期（キムチ漬けの頃）のソウルの一角。ものが溢れ返っている。（1970 年 11 月）

朴大統領が率先垂範した「セマウル運動」（新しい村運動）によって、
韓国民は自助と協働、そして自力の楽しみを知るようになった。

目次

Ⅱ わが民族の過去を反省する ——李朝社会の反省——

III 韓民族の受難の歴程

IV 第二共和国の「カオス」

まえがき

金　慶昭

本書復刻の経緯

本書は、朴正煕が軍事クーデターを起こして一年も経たない一九六二年三月に韓国で出版され、そのすぐあとの五月末に日本で翻訳出版された。短兵急に出版したせいか、誤字・脱字が散見する。今回の出版に際して、原形をそこなわない範囲で最小限度であるが訂正を加えた。

日本での翻訳者と出版元は、李慶守《イギョンス》と東和新聞社によってであるが、すでに六〇年以上前のことで新聞社はなくなっている。復刻に当たって心あたりの方々を尋ねて翻訳者と新聞社を探してみたが、見つからなかった。本復刻版をご覧になって関係者をご存知の方があれば、展望社に知らせてほしい。

本書について、簡潔に素描すれば、次のようになるだろう。

一、過去の韓国民族史上の悪しき遺産、すなわち李朝を貫く長きにわたった生産性のない、無益な党争沙汰、つまり大局を忘れ目前の利害関係で足の引っぱりあいをすることや、日本の植民地時代に植えつけられた「植民地奴隷根性」を精算し、韓民族（朝鮮民族）の「民族革命」、「人間革命」をめざす。

二、韓国における自由民主主義社会の実現は、まず韓国的な土壌・環境を知ったうえでの、その基礎となる経済の建て直し以外に不可能であるから、透明性と競争原理をもって、直ちに経済開発計画に着手して「漢江《ハンガン》の奇蹟」を実現するのが望ましい。

三、欧米から直輸入された民主主義は、韓国社会には深く根を下ろし得ず、失敗した解放後（日本の戦後）の一六年間の混乱した事実に照らして、教訓として得るのは、韓国独自の福祉民主主義の基礎を一日も早く築かなければならないということだろう。その模範としてデンマーク社会がある。

以上のことを、本書では具体的にこのように述べている。

五・一六軍事革命は、わが国近代化史上八・一五に始まる民主革命と、自立経済建設の民族的課題が、四・一九学生革命で覚醒が促され、その基礎工事を始める起点であると理解されるべきであり、同時に東学農民革命、三・一民族独立宣言、大韓民国建国理念を貫いて流れる一つの民族史の巨流の一環として理解されなければならないであろう。

いま考えれば、本書が出版されたのは私がちょうど大学に入った年に当たり、一九六〇年の「四・一九学生革命」、一九六一年の「五・一六革命」と韓国の政治は激動していた時期である。そんな韓国政治社会を理解するには、本書は格好の参考書・指針書になったはずなのに、迂闊にも本書の存在を私は知らなかった。

この頃私は、新潟の片田舎から上京し、青春の気ままな生活に少しばかり浮かれてはいたが、一方では憂国の情に燃えていた。政治信条を別にする同胞の学生組織では、『抗日パルチザン参加者の回想記』などの読書会が開かれ、金日成神話に洗脳されていたように思う。私にも誘いがあったが、ハナから相手にしなかった。しかし、いまさらながら当時この本を知らなかったのは、返すがえすも残念というほかない。しかしながら、この度、本書の編集作業に参加できたのは望外の喜びである。

本書は、『日本列島改造論』（田中角栄）、『鄙の論理』（細川護熙、岩国哲人）、『小さくともキラリと光る日本』（武村正義）、『美しい日本』（安倍晋三）などの類書に選別されるかも知れないが、その中身と重みは雲泥の差があると思う。

本書を一読すればわかるように、本書の巻末にある「革命公約」を敷衍《ふえん》して、韓国の歴史をもって、哲学的、社会的、政治的に説いたもの他ならない。言い換えれば、韓国社会を歴史的に概観して現状を診断し、あるべき未来を呈示したものである。それは、読書家の朴正熙が長く温めてきただけに、今日の二一世紀においてさえ有効であり、事実今日の韓国の発展状況によって証明されているといってもよいのではないだろうか。まさしく、現代の韓国社会は朴大統領が敷いたレールの上をまだ走っているといってもよいだろう。今後も、本書の真価はますます輝きを増すに違いない。

なお、口絵写真は私が選択して入れたことをお断りしておきたい。

朴正熙の政治家としての資質、そして生の人間像を当初から深く探っていたジャーナリストがいる。岡井輝雄（後に耀毅と改名）がその人だ。岡井氏は朝日新聞の戦後初めてのソウル特派員として一九六六年から三年余り勤め、その後も一貫して韓国社会と政治を鋭く見つめてきた（『韓国・光と影』、『韓国一五年の主役たち』など）だけに、その「眼目《アンモク》」（韓国語で目の高さ、見識）は、バランスがとれており、今日でさえ色褪せることはない。

そのことは、岡井氏が「人物評論」誌の一九七一年六月に寄稿した「朴正熙論」と「韓国の社会相」に如実に表されている。この二つの小論は、本書の理解において、大いに参考になるだろう。なお、一部敬称を略していることをお断りしておきたい。

『人物評論』1971年6月号は朴正熙大統領特集であった。

朴大統領の政治信念と人となり

――「中断なき前進」を訴える反共政治家

岡井　輝雄（耀穀）

―政情混迷する韓国に「祖国近代化」のレールを敷き、情熱を燃やす朴正熙。さる四月二十七日、韓国史上初の三選に成功。しかし、朝鮮半島の慢性的緊張にどう対処するか、長期政権の前途は険しい―

国民の劣等感を拭い去る実践理論家

非常にむずかしいことだが、もしあえて一国を代表するに足る人物像を探し出すとすれば、さしずめ日本などはたちまち選考難に陥ってしまうだろう。佐藤栄作でも永野重雄でも三島由紀夫でも、ぴったりこない。ところが、国によっては、ある一人物の名をあげただけで、その国のおかれた状況や環境から余人を許さぬほどにぴったりくる場合が少なくない。一衣帯水の隣国、韓国がまさにそうである。政情不安の混迷が果てしなく続いていた韓国に近代化のレールを敷き、三選改憲を強行してまで、「祖国近代化作業」に情熱を燃やして、ついにさる（一九七一年）四月二十七日の第七代大統領選挙の結果、韓国史上初の長期政権の記録を樹立しようとしている小柄でやせ型の色黒の精悍な元将軍朴正煕大統領がその人である。朴正煕。パク・チョンヒ。五十三歳。

多くの日本人がおそらくあのニコリともしない謹厳そのものの風貌を思い浮かべることだろう。北東アジアの目、緊張続く朝鮮半島の動向のなかにこの名前が浮かび上ってからすでに久しい。一九六一年五月十六日未明、わずか約三千人の革命軍を率いて首都ソウルに突入してクーデターに成功したとき、はじめて韓国国民の前に躍り出た名前であった。当時誰が今日の朴大統領を想像しえたであろうか。

政権担当十年、いまやあらゆる権力を掌中に収め、さらに今後四年間、多難な七〇年代の課題に挑もうとする朴正煕大統領はどのような人物なのか。これまで辿ってきた彼の足跡を振りかえって、いったいどのような評価がふさわしいといえるのであろうか。

軍事クーデターで非合法に政権奪取を敢行した反民主的な政権の「簒奪者」というイメージ。硬直的なまでの反共最前線のチャンピオン。言論統制の目を光らせる情報政治のボス……などなど、手きびしい決めつけ方をする向きがいぜんとして日本においては一般的な空気である。

いまだに日本では隣国の国家元首のイメージが、とかく黒い影をまといつかせた陰険な印象のなかに閉じこめられていて、客観的な評価からも、遠ざけられているかのようである。軍閥政治のあげくの果てに敗戦という一大試練を経験した日本人にとっては、無理からぬ面もあろう。日本にはかつての三十六年間の植民支配の贖罪感が内部にひそんでいて、分断固定化の現状に対しては少なからず後めたい感じを抱いているといえる。したがって、北朝鮮政権と徹底的に対決していこうとする朴政権に対しては、とにかく冷ややかな目で眺めることにもなりがちだ。しかし、韓国の国情からすれば、反朴体制勢力の朴政権に向けるきびしい批判が一方にあるのはもちろんだが、朴大統領支持の声も、また相当なものである。「歴代大統領が全くなしえなかった国土開発に取組んで近代化を促進した指導力」とか、北朝鮮の侵略の脅威に対抗して、アジア太平洋閣僚会議（ＡＳＰＡＣ）の結成に成功し、ベトナム派兵、日韓国交正常化を実現していった国威発揚への情熱とか、その賞賛の声も決して少なくはない。

朴大統領の施策は、すべてナショナリズム高揚の狙いを帯びている。「中断なき前進」を続けるなら、やがては経済的に安定した繁栄社会の到来も約束されようし、韓国のイニシアティブのもとに南北統一への道も開かれようという「一面建設、一面国防」の富国強兵と、近代化作業に燃える朴大統領の訴えは、これまでの韓国国民の劣等感を拭いさる刺激的な実践論でもあった。朴大統領のナショナリズムは具体的な経済成長をもたらした実証論という印象が、かなりの韓国国民の意識にしみ通っているのも事実なのだ。

一九七一年四月の大統領選挙では、「緊張緩和」を訴える金大中親民党候補の激しい追いあげによってかなり苦しい場面もみられ、終始、政策論争で守勢に立たされたが、結局十年間の経済成長の施策の実績がものをいった。

長期政権は「不正腐敗の温床」ときびしく毛ぎらいされる韓国の政治的風土のなかで、朴反対票に九十四万余票の差をつけて三選を実現した背景は決して簡単ではないが、それに触れる前にまず知るためのカギがある。徹底的な朴ぎらいと朴ファンのはげしい渦中で、十年間も政権を担当してきた朴大統領という人物がどのような感覚の持主であり、どのような政策的発想を抱いているのかを知ることである。それがおそらく韓国史上初の長期政権誕生の秘密を解くカギになるだろう。そのためには、まず朴大統領の生い立ちから始めなければならない。

韓国史上初の長期政権誕生の秘密は

朴正熙は一九一七年九月三十日、韓国中部の慶尚北道善山郡亀尾面上毛里の農家の五男として呱々の声をあげた。点々と九十余戸が点在する貧しい農村。東に太白山脈が連なり金烏山《クモ》が上毛里の村を抱くように迫り、洛東江の流れがかなたに光っている。

幼少のころから朴正熙はずばぬけて聡明だったといわれる。敏感だった朴少年の心を鬱屈させたのは、朴家のひどい貧しさであり、村をおおっている極貧状況であった。栗やジャガイモで飢えをしのぎ干害が襲えば、山菜やクズの根まで食卓に乗せた。

「なぜ私の家はこんなに貧しいのだろうか?」朴少年が生れてはじめて抱いた疑問であった。彼は貧しさを憎み滅多なことには笑わない少年になっていた。

六歳で六キロはなれた亀尾公立普通学校に入学した。通学のときでも朴少年は少し変わっていたという。ほかの児童のようにグループになって通学するのを嫌って、たいていは一人きりで黙々と歩いた。成績は優秀でいつも級長だったが、こわもての級長で、人気者というのではさらさらなかった。級友たちが少しでも理屈にあわないことをやろうものなら「やかましい。くどい」と、大人が叱るような調子で叱りつけたという。

「朴は大人びたところがあって可愛げはないが、ハラのすわった子だ」と教員室ではよく噂になったという。

いまも朴正熙の卒業時の成績表が亀尾公立普通学校に、保存されている。体操と家事裁縫が九点の他は修身、国語(当時は植民地だったから日本語が国語だった)、朝鮮語、算数、国史、地理、理科、職業、図画、唱歌と残る全科目が判で押したように満点である。しかも、操行甲、病欠三というこの成績表から受けるイメージは、いかにも生真面目なタイプの秀才型というものだ。

厳父の朴成彬《パクソンビン》は目を細めて「この子だけはなんとかして大成させたい」とよく口にしたという。

亀尾公立普通学校を卒業した朴少年は、名門だった大邱師範を実力で突破して入学した。日本の統治時代の師範学校である。当時の大邱師範は日本人が八割以上、韓国人は二割にも満たない程度で、よほど優秀でなければ合格できなかった。面書記（村役場雇員）にでも採用されようものなら「官職についた」と大騒ぎになるほどの上毛里の村である。

朴少年合格のニュースに「この村からも偉いもんが出たものじゃ」と沸き返ったという。朴家としては官費の日本人系学校にでも入学させない限り、上級学校へ進学させる経済力がなかったかであった。

当時、朝鮮人学生仲間でも朝鮮語は使えなかった。成績抜群で、軍事訓練ではラッパ手として活躍したりしたが、朝鮮人であるための差別に強い憤激を覚え、しだいに反日のこころがうずきはじめた。同僚たちにかくれてこっそり朝鮮歴史を読み耽った。朴正熙の李朝時代への鋭い批判は、この時期にはじまった精力的な読書に負うている。

二十一歳で大邱師範を卒業して直ちに慶尚北道聞慶公立普通学校の訓導となった。月給三十五円。下宿代を差し引いたり残り金額を郷里の家へ送金したという。祭日にはどんなに少額でも別途の送金を怠らなかった。「親孝行なもんじゃ」と両親たちは涙を浮かべたことはいうまでもない。

大きな転機となった中国大陸への雄飛

訓導時代は平均的な先生だった。が、一介の田舎教師が愉快であるはずがなかった。二年も教師をするうちに、閉鎖的な寒村に、埋もれていくあせりを覚えるようになった。当時、有為の青年たちは、日本や満蒙眺して続々と田舎を抜け出して行った。朴正熙が将来の方針に迷っていたちょうどその頃、ある日下宿に大邱師範時代の先輩が訪ねて来た。彼は、満軍大尉の軍服姿だった。

「朴君、君はこんな田舎で埋もれるべきではない。母校への義務は三年で終わるのだ。どうだ、ひとつ中国大陸に、雄飛してみる気持ちはないか」と彼は熱っぽくすすめた。この一夜が転機になった。朴正熙はあっさり三年間の訓導生活に別れを告げ、満洲は新京に新天地を求めて旅立った。軍人の道を選び、満洲軍士官学校へ進んだ。一九四〇年春のことである。

二年後、いわゆる「恩賜銀時計」組で卒業した朴正熙は、間もなく日本の陸軍士官学校に転入した。一九四四年、三番の成績で卒業した朴少尉は熱河省にあった満軍歩兵第八連隊に配属された。主要な任務は中共八路軍ゲリラ部隊の掃討であった。中尉に進級した直後に敗戦。朴中尉は軍服を脱ぎすて避難民を装って北京へ向った。彼は間もなく北京地区光複軍第一中隊長になっていた。一年後の四六年五月、彼は帰還引揚げ船に乗り七年ぶりに故郷の土を踏んだ。同年九月南朝鮮国防警備隊士官学校に幹部候補生第二期生として入校した。現在の第一士官学校の前身である。課程を終了した朴候補生は大韓民国陸軍大尉に任命され、士官学校教官として第一歩を踏み出していく。やがて韓国政府が樹立されると、朴大尉は陸軍本部情報局勤務となり、少佐に進級して作戦情報室長として北朝鮮情報の分析に当った。

朝鮮戦争勃発前夜、陸軍本部と米軍顧問団に提出された朴室長の敵情判断書が北朝鮮の南侵を予告していたのは有名な話である。彼は一九五〇年三月から六月までの間に北朝鮮の全面侵略が必ずありうると予告したのである。この判断書は米軍顧問団を通じて東京のマッカーサー司令部にも報告されたに違いないが、同司令部がわりに楽観情報を流していたところから見ると、朴分析は握りつぶされたのであろう。しかし、実際には朴正煕の分析通り六月二十五日に三十八度線は火を吹いたのである。

強烈個性で機先を制す

朝鮮戦争中は、第一線部隊で転戦し、戦後は智異山《チリサン》一帯に出没した敗戦ゲリラの掃討戦で活躍した。やがて陸軍准将に昇進し、第五師団長、第七師団長に歴任した。当時韓国軍の不正腐敗は目にあまるものがあった。軍需物資の横流しがひんぴんと起こった。あるとき、各師団の毛布調査が行われた。どの報告書も毛布と員数を合わせていたが、朴正煕師団長だけは「いくら徹底的に調べあげても正確な実数はつかめない」と報告していた。転任の際、部下参謀らがさし出す餞別は、必ず断わった。「清廉潔白」が朴正煕への評価だった。一九六〇年四月の李承晩政権を倒した学生革命当時、暴徒と化した釜山のデモを万歳三唱でおさめたエピソードにもいかにも朴正煕らしい一面が現れている。

群衆と軍隊が対峙するなかへ割ってはいり、いきなり「大韓民国万歳」と叫んだのである。あっ気にとられた群衆は万歳三唱に従わざるをえなかった。釜山地区戒厳令事務所長として強硬弾圧もできたのに、あくまで混乱を避けようと意表を衝く〝鎮圧〟作戦に出たのであった。

当時、李承晩大統領は四選を実現するため軍の六十万の票田に対して圧力をかけた。軍上層部は完全に言われるままに動いた。軍の政治的中立は失われた。釜山の陸軍軍需基地司令官だった朴少将は宋堯讃《ソンヨチャン》陸軍参謀総長あてに辞任を勧告する手紙を送りつけた。

激怒した宋総長は朴追い出しを画策するが、折から金鍾泌佐ら陸士八期生を中心とする青年将校の整軍（粛軍）運動がひろがり、事態を憂慮した宋総長は辞任した。金鍾泌中佐は朴正熙が作戦情報室長時代に同室の北朝鮮班長を勤め、朴少将のメイを妻にした間柄である。粛軍運動の背後に朴少将が控えているのはいまや明らかであった。金鍾泌ら粛軍派将校十六人が逮捕され、朴少将は第二軍副司令官に左遷された。朴正熙追い出しの触手は、ついに朴少将の保安審査委員会である。朴少将の予備編入が決められたことはいうまでもない。一九六一年五月下旬ごろまでには発令される予定であった。がしかし、朴少将は陸軍本部内のかつての部下から逐一くわしい連絡を受けて、事前にすべてを知りつくしていた。予備編入を受け入れて退役するか、それとも粛軍の理想を貫ぬいて決起するか。朴正熙をとりまく粛軍派は、ついに重大な決意をするに至った。軍事クーデターによる政権掌握であった。

以上が、朴正熙の生い立ちから軍事時代を通じてのいわば履歴書である。ここにうかがえる特徴は、強烈な個性と正義感と人一倍の自負心であり、選良意識からくる使命感の一面であり、冷徹な判断と機先を制するすぐれた決断力である。

正義と使命が対峙した苦悩の瀬戸際

正義感と使命感の側面がぶつかり合った時期が少なくとも二回ある。いずれも政権の座を下りるか続けるかの瀬戸際である。

まずその第一は、民政移管か軍政延長か。朴正熙の大統領出馬の是非が焦点となった、一九六三年の動揺である。六一年五月の軍事クーデター当時、朴正熙は国民の前に誓約した革命公約のなかで、「われらの課業が成就すれば、斬新で良心的な政治家たちにいつでも政権を移譲し、われわれは本来の任務に復帰する準備をととのえる」と原体復帰の方針を明示していた。同年八月、朴議長は、政権移譲の時期は一九六三年夏に予定する。同年三月までに新憲法を制定し、五月には総選挙を実施すると民政移管のスケジュールを発表した。同年秋、訪米した朴議長はケネディ大統領にも六三年の民政移管を約束した。全米記者クラブでの会見でもこの誓約をくり返し述べていた。翌六二年の、新年施策方針演説でもくり返した。大変な念の入れ方であった。にもかかわらず六二年夏ごろから朴議長心境には変化が起こりはじめた。「一たん政治に参与した身であるからには、軍の純粋性を保つ意味でも再び軍に復帰する考えはない」と語ったのだった。そして、同年十二月二十七日の記者会見で、民政参加を強調、大統領出馬を明らかにした。革命公約は踏みにじられた。

しかし、革命主体勢力の権力闘争が表面化してきて、反金鍾泌ラインのつき上げが激化した。この軍政の内部がショックとなったが、朴議長は六三年二月「すべての政党、政治家が、九項目の条件を受託するなら民政に参加しない」との大統領不出馬声明を出した。軍事クーデターを認めて政治的な報復措置はとらないという要求を入れてくれれば、という条件であった。金鍾泌は追われるように遊に出た。反金ラインの一応の勝利であった。「私は民政に参加しない」と涙を流して、政局収拾宣誓式に出席した政治家たちに約束した。これに対し、六三年三月十五日軍将兵が軍政延長を要求してデモを敢行した。朴議長はまたぐらついた。軍人デモで勢いづいたが、翌十六日、「軍政四年延長を国民投票に問う」と声明し、軍事活動を禁止し、言論の制限措置をとった。軍事延長反対デモが激化した。五月、朴議長はまたしても年内中に民政移管を実施すると声明した。

結局同年十月の大統領選挙で朴正熙が当選、第五代目大統領となったが、ここまで辿りつくために費やされたおびただしい手練手管と誓約のくり返しとその破棄には、多くの国民が強い幻滅感を覚えたのであった。世上当時の涙もろい朴正熙を〝飜意の朴さん〟と評したいが、単純にそうであったといい切れるだろうか。世論の行くえを見定める心理劇（戦）の一面があったと思われる。すぐれた政治家のもつかけ引きが、一見きわめて素朴なかたちを借りてにじみ出ていたのではないか。朴正熙の戦略家の稟質の発揮ではなかったか。

混乱か安定かの二者択一を朴政権信任に

その第二は、三選改憲に現われた朴正熙のかすかなためらいと居直るような政治姿勢である。軍事クーデター後に自ら制定した憲法を改正していった手続きは、きわめて巧妙、かつ大胆、そして強圧的でもあった。六九年一月三日、李孝祥《イヒョサン》国会議長が大邱で三選改憲はできない話ではないと改憲キャンペーンの口火を切った。一月六日、吉在号《キルジェホ》民主共和党事務総長が与党内で、改憲を検討していることを認め、翌七日尹致暎民主共和党議員代理がこう述べた。「わが国の現状にてらして強力なリーダーシップがあってこそ祖国近代化の民族的な課題を完遂できる。強力なリーダーシップを継続して維持するため大統領重任禁止事項を含め改憲を検討することもできよう」と。

朴正熙自身、三選改憲してまで出馬するかどうかに迷ったのはたしかであろう。が、比較的早く決意したのではないか。三選阻止活動が表面化すると、ただちに改憲強行突破に移ったのをみてもハラは早くから決っていたというほかない。

六九年七月二十五日、朴大統領は三選改憲の成否を朴政権の信任問題と見なす。不信任なら、直ちに退陣するというものであった。三選という長期執権のイメージを遠ざけて「混乱」か「安定」かの二者択一を「朴政権信任」に巧みにからませたのであった。草深い山林では三選改憲とは知らず、信任投票と思ったほどにその心理戦略はさえていた。

六九年九月十四日未明、警官で守られた国会第三別館で本会議を緊急招集して改憲案と与党有利の国民投票法を単独強行可決した強引なやり方にも、きびしい非難があびせられた。結局、六九年十月の国民投票の結果は反対票との差三百九十一万票で三選改憲は確定し、さる四月二十七日の大統領選挙でも、同じような論理（理屈）を駆使して政権の座を確保した。

折からの卓球外交などにみられる急テンポの米中接近ムードを反映して、今回の大統領選挙の終盤には、かつて韓国で見られなかったほどの野党ブームが起こっていた。金大中親民党候補の提示する「郷土予備軍の廃止」や「米ソ日中大国協議による朝鮮半島不戦保障論」が「非現実的で、北朝鮮に対する利敵行為」ときめつける政府与党の反発にもかかわらず、かなりの説得力を持ったのは、非政治分野での手紙交換などの南北交流論などとともに「緊張緩和」の構想がようやく現実的な政策段階にのぼってきたとみる有権者の判断があったからだろう。朴正熙大統領はたしかに追い込まれた。しかし、最後の土壇場で逆転打を放った。投票日の前日二十六日五午前の全国ラジオ放送であった。

「現在進められている経済建設は中断されてはならないものだ。祖国近代化の事業を遂行するに当って私は愛国の一念で再び十字架を背負う決心である。国民各位にはこの現実を十分直視されたい。率直にいえば野党は政権引受の態勢をもてず、わが政権引継の態勢をととのえていない。この段階で、政権交替が起れば『一大混乱』は免れず、『祖国近代化の夢』は根底から崩れて破局に直面するであろう」

〝中断なき前進〟を続けるためには、馬を乗りかえてはならないと、三選改憲当時と同じように「混乱」か「安全」かの選択を迫ったのだ。同時に、「今回が最後の出馬である」と四選出馬を表明した。この最後の訴えは、たしかに効果的だった。

「混乱」すれば、軍の介入を想起させるひびきに、韓国民は非常に敏感だった。「四選に出ないのなら最後に総仕上げをやらせよう」と七二年からの第三次五ヵ年計画に夢を託して、「現状維持」に傾いたと思われる。

韓国史に残る政治家となれるか否か

このように朴正熙の論理の最大の特徴は、京釜高速道路を、「わが子孫に残す民族繁栄への道」とキャンペーンするように、開発政策とナショナリズムを直結させる一方、この開発政策の結果現れてくる経済成長を北朝鮮への安全保障上の基盤として、「勝共統一」を強調する点にある。しかも朴正熙以外の人物には当分の間委ねきれない重要な段階にきているという使命感が強烈にはたらいている。従って、政権の座は今後ともかなりの期間は野党に到底わたすまい。派閥対立で混乱する野党体質への絶望が彼のなかに強いのも事実だ。政権を守るためには、七〇年代の前半はますます北朝鮮の脅威が増大すると国民に訴えて郡部を掌握した大統領の下で、「安定」した前進をはかっていこうと主張する仕組みにもなるのである。

国民を教え導いていくという教師的な姿勢もきわめて強い。元教師の体臭が抜けきれない。「朴親政体制」とか「総統制度のはじまり」とか、独裁的なやり方を強く批判されるのも、軍事的発想のほかにこうした強い自信に裏づけられた個性のためだろう。これまでの二転三転の政治行動から「四選不出馬」が完全に信頼されているとは思えないし、ある意味で疑惑の中の三選の座である。だがそれにもかかわらず、朴正熙が指示されたのは、多分に朴正熙個人の「清廉潔白」のイメージがまだ続いているということでもある。

十年という長期政権の権力者が浮いた話一つなく、身辺が清潔であるということは、アジアの多くの権力者像のなかできわめて異例とさえいえる。

それが腐敗をいましめ、倹約を強調するきわめて精神的な「第二経済論」の提唱にも現れている。平たくいえば、いくら発展しても精神面の心構えがついてこない経済の足許は不完全なものだということなのだ。多くの国民はこうした朴正熙の論理的水準に到達できない。ときとして朴正熙が孤高の政治家といわれるのは、こうした国民の倫理意識との乖離《かいり》のせいであろう。

朴正熙三選大統領の課題は、七〇年代の国際的な緊張緩和ムードに照らして、朝鮮半島における慢性的な緊張状況にどう対処するか。四選不出馬の公約を守って韓国ではじめての平和的な政権交替劇を実現させるため、どのように後継者など、野党を育成していくかであろう。朴正熙が韓国史上に残る各政治家とうたわれるが否かの最後の一点はまさにこの問題にかかっているといえる。

お隣さん——韓国の庶民生活

—近くて遠い国、韓国は、アジアにおける新たな変動の波にゆさぶられ、いまや、厳しい時代の転換期にさらされている。政界はもちろん、ことに韓国の民衆は、この時代の転換期に直面し、政治を、生活をどのように想い、どのような生活を迫られているだろうか。以下は韓国の一九七三年末から七四年頃の庶民生活の実相である。—

たくましい大陸的エネルギー

どこの国でも庶民の臭いの最も強烈に発散するのは市場であり、食いものである。衣食ほどその国のある一面の個性をはっきり表現しつくすものはないだろう。一般的に日本にくらべれば、韓国人の食生活はにぎやかで楽しく、野性的なすさまじさがあってたくましい。

日本人のそれが珠玉の短編小説とすれば、韓国人のそれは雄大な長編といった比喩に当たるだろうか。はじめてソウルを訪れた日本人が、きまって一種の感動を覚えるのが衣食に対するはげしいエネルギーで沸き返っている広大な市場である。韓国の市場は、日本のように全国どこの都市に行ってもアーケード式の商店街があり、その一角にやや安直なぐるぐるめぐりの大衆向きの小さな市場が間借りしているような感じのものではない。視野いっぱいに喧噪と雑踏がひろがる一大パノラマだ。路上せましと店を広げてせばまった通路に、後頭部を切断されて目をむいたブタの顔が転がっているかと思うと、その隣は、胸までくるような大樽の中に黒ぐろとうごめくドジョウの大群。腰のあたりに幼児をヒモでくくりつけて路上に坐り込み、警官に追われながら竹かごに唐辛子などを入れて右往左往商売する無許可販売の婦人たち。タフそのものの大陸的なエネルギーを感じてしまうのである。

数年前、忠清南道を歩いて回ったときだ。ある村の入口で牛市が立っていた。その付近で開かれている臨時市場。そこでは私は一人の老女がニワトリ一羽をヒモでくくりつけて坐り込んでいるのを見た。近寄ると、「買え」という。たった一羽の商売だが、老女はいささかも臆した様子はない。流通経済の立ち遅れから地方の農村ではいまだに物々交換の慣習も残っているが、大地に根が生えたような風情で老女は黙りこくって坐っていた。

横道にそれたが、韓国人の食生活はたしかににぎやかでおうようである。七、八品のおかずは普通で、数年前、忠清南道の扶余《プヨ》に泊まった時、土地の料亭の料理の皿数は三十二品だった。ソウルの食堂でもキムチやみそ汁のおかわりはタダである。ぜいたくな話で、それほどの皿数を平らげるのは大変だからたいてい箸をつけたまま残される。よくいえば、視覚を楽しむ食事なのだ。本当のところは、李朝以来の見栄っぱりの慣習の現れかもしれない。

一度ある新聞社の編集局長の家に招かれて驚いた。食卓ぎっしりにごちそうがぶつかりあい、皿数で四十以上はゆうにあった。主食の米を日本から導入しなければ需要を満たせないのに、一面では「食」に対する飢餓感が社会一般に感じられない。政府は米飯提供業者に麦や粟をまぜる混食を義務ずけているが、政府の方針を守るのは一般向き大衆食堂だけで少し値のはる食堂などでは銀飯である。

韓国人の食生活の中心にすわっているのはキムチである。種類も雑多で味つけも地方それぞれに濃淡がある。リンゴや栗の実、梨、白身の魚、松の実などを若い白菜で包み込んだ開城キムチの浅漬けは、まさにキムチの王者の味わいがある。夏になれば薄身の大根や白菜を水に浮かべた水キムチが喜ばれる。初冬、町の通りはいたるところ交通規制されて路上に白菜やニンニク、大根がうず高く積まれる。〝キムジャン市場〟の開設である。日本ならさしずめ夏祭や花火大会で交通規制する程度。食べ物で交通規制を敷くなど日本では想像できないのではないか。ソウル市内だけでも八〇ヵ所を上まわる〝キムジャン市場〟がひと冬の間中つくられるのだ。〝キムジャン〟とはキムチ漬けのことをいう。

流行に敏感な女性たち

韓国人一般がそうだが、特にソウルは着倒れ的なところがある。ソウルの繁華街、明洞の商店街のほとんどが洋服店、クツ店、カバン店である。高校や大学を卒業したばかりの安月給のＯＬたちが洋服店につめかけてはトップモードの仕立てを注文している風景はザラだ。月賦制度がくまなく行きわたっているせいもあるだろう。だが、街を歩いて気づくのは、貧しいといわれる反面、何とカラフルなカッコよい女性群であることか。日本以上の超ミニで世界の流行は敏感に取り入れられている。世界の有名メーカーへのあこがれが強く「資生堂」や「マックスファクター」の化粧品はひっぱりだこだ。国産品を軽視する傾向は根強く電気製品や時計などは日本製品が最も尊重されているようだ。口を開けば日本を非難する日本嫌いの知識人もおおむねその例外ではない。日本旅行の帰りに買いこんだカメラや小型テレビをめぐって金浦空港の税関吏とのトラブルをよく聞くが、課税されても韓国内で日本製品を買うより安くつくというわけで、東京帰りのみやげはきまって電気製品である。

日本が韓国を訪れて驚くのは韓服（チマ・チョゴリ）のあでやかさである。在日朝鮮人の白っぽいチマ・チョゴリを見なれた目にはまるで違う国の服装のように映る。四季それぞれに色調をかえるおしゃれが女性の楽しみの一つである。もともと韓服は、赤、緑、黄、濃藍、水色の五色を基調として季節に応じて中間色を織りこんでいる。〝白衣の民族〟といっても白い韓服はよほどの田舎でないと見かけなくなった。しかし若い女性は、正月や秋夕（日本のお盆にあたる）などのほかにはチマ・チョゴリをほとんど着て歩かない。聞いてみると「ヤボったくていや」というのが多い。

都市化の波の中で生活意識も変化

軽快な様相の方がモテルその点、日本女性が何か祭りごとがないと和服を着ないのと似ている。ソウルの人口は驚くべきスピードで膨張している六六年では約三百五ン万人だった人口はいま五百五十万を突破した。こうした人口の過剰集中に政府はソウル流入抑制策をたびたび検討したがどうにもきめてが見つからず、ソウル市の中央部を流れる漢江以南の第二首都圏開発にとりかかっている。町はここ二、三年で完全に一変した。日韓国交渉正常化当時ソウル市の高層ビルは十数指に満たなかったが、いまは八百以上ともいわれ、南山から眺める都市化ぶりはまさにエネルギッシュそのものである。小高い丘ぎっしりに建てこんでいたかつてのハコバン（バラック住宅）は姿を消し、代わりの上までアパート群が林立した。信号一回待ち程度だった車の流れは、今ではラッシュアワーに数回待ちが普通となった。林立したビルの間を高架道路がうねるように走り、昔のおもかげはなくなり、美観はまったくそこなわれてしまう。

そうした都市化現象の中で韓国人の生活意識そのものしだいに変わってきつつあるようだ。なによりも市営住宅やアパート（マンション）群の発生で、これまでの大家族的な生活から核家族化へ進んできたことが一つの重要な現象である。アパート（マンション）住まいが織りなす生活様相は、その狭い住宅構造からいってもにぎにぎしい冠婚葬祭はまず無理である。長い間韓国社会をおおってきた儒教的慣習がしだいに息の根をとめられようとしているの見逃すことができない。

だが、そうはいっても人口集中の激しさに住宅政策はとうてい追いつけない。この開きは首都ソウルの最大の問題になってきた。家賃もじりじりと値上がりしていく。ほとんどの流入人口はやはり伝統的な伝貰（チヨンセ）制度（入居契約時に高額の権利金を一時的に支払って毎月の家賃は支払わない制度）にたよって、貧しい一間暮しが圧倒的である。

韓国政府は六十五年以来三回も金利引き下げ調整を断行したが、いぜん預金最高金利は二一・八パーセントである。外国からみれば異常な高金利に違いない。

この高金利政策が不労所得層をますます肥大化させ、預金利子収入をあてにするような安易な企業経営などうを生み出す原因ともなっている。伝貰制度はこうした高金利の経済体質のなかではじめて可能なもので、家主たちは伝貰金を銀行に入れて利子を稼ぐのである。それに関連してもう一つ見落せないのは、ことに主婦の間ではやっている「契」である。頼母子講に類似した庶民的な私金融で、おそらく戦後つづいた韓国の政情不安から金融機関に対する信頼感が低下したことで、一層流行的現象になったと思われるが、いまでは一説には、私金融市場の取引は四百ウォン～一千億ウォンともいわれ、とにかく一ヵ月の取引額が市中銀行の貸出高に見合うほどにもなっているという。

教育費、主食の値上りや公共料金の相つぐ値上げなど物価上昇は、今の高投資、高金利という高成長の韓国経済のもとでは、まず避けられない慢性的な傾向だから、税金攻勢とともに物価対策に頭を悩ます主婦の唯一の武器にもなっているのだ。それは、裏を返せば、物価上昇に追いついていけない夫のサラリーにたいする補完行為面が強いのである。

だから、「女は三日ぶたぬとキツネになる」などと男性天国を謳歌してきた韓国社会に、こうした直接的な貧しさからくる女性の地位の向上の面が無視できない。

緊張感と隣合せの市民の日常生活

韓国人は遊び好きだ。正月、秋夕誕生日、国の祝祭日などには派手に着飾って夜通し遊ぶ。プレゼントも気張ったものだレジャーも大好きだ。日曜日などソウル市庁前のレジャーバスの発着所は、若い男女の群れでごったがえす。比較的金のかからないソウル近郊の山登りや、川釣りなどに出かけるのである。しゃれた帽子をかぶり、原色系統のシャツを着こみ、ジーパンスタイルの女の子がいっぱいだ。行楽地は、シーズンはずれでもけっこうにぎわう。

最近はソウル市内にもボーリング場が相ついで開設された。ゴルフ人口もふえる一方だ。それやこれやを眺めていると、一体どこに臨戦状況下の「緊張」があるのか、と不思議な感じさえ覚える。実際、ソウル市内のいたる所に土のうで囲われた検問所があり、少し郊外に塹壕があり、銃口がのぞいている。基地なのか、村なのか一見わからないほど生活の中にとけこんでいる防衛体制がある。

一九五〇年の朝鮮戦争以来、韓国人が三十八度戦を意識しないで暮せる日は一日もないに違いない。北朝鮮はそれ以後もしばしばゲリラを送り込んできている。最近では、六八年の大統領官邸奇襲未遂事件や東海岸への大量ゲリラ上陸事件などがあった。六九年以来、ゲリラ侵入事件が激減してきたとはいっても、世界の潮流が緊張緩和ムードに溢れてきても、いつまた北朝鮮のゲリラ浸透作戦が再開されるかもしれないという根強い不安が拭いきれないのである。だから、彼氏や彼女たちが一日のレジャー計画を楽しげに語り、無邪気にはしゃいではいても、その隣合せに緊張感は必ずあるのだ。

韓国政府は、七〇年四月から高校にまで軍事教練を必修課目とした。北朝鮮のゲリラ作戦に備えて、下級士官の大量養成に迫られ、第二、第三士官学校が相次いで誕生した。郷土予備軍は最低月二回の訓練を実施している。大学卒業生や若き除隊軍人を対象にしたものだ。

日韓経済協力の深まりで、韓国企業の雇用能力は増大してきている。しかしまだまだ底が浅く、経営状態に不安なくなったとはいいきれない。ことに、韓国輸出企業トップ産業である繊維関係では、米側の抑制の動きで日本以上に深刻である。ベトナム特需の減少も必至の傾向にある。大学卒業生の就職戦線もまたけわしい。去る四月の大統領選挙においても、「軍事教練反対」を叫んで学生たちはデモを敢行した。

野党新民党の金大中候補が訴える「緊張緩和」に共鳴する動きには、彼らの前途に対する経済的、社会的不安が根強くひそんでいるのだ。

「緊張」の中のレジャーとデモ――いずれも韓国の青春群像が直面する現実から逃れようとする、意欲の現れでもあろうか。

（朝日新聞元ソウル特派員）

「よど号ハイジャック事件」時、大統領の洞察力と決断力に駐韓日本大使感服！

当時金山政英氏が駐韓日本大使であったが、彼は思い出として次のような印象深い後日譚を残している。（金慶昭）

1970年3月末よど号事件のときのことである。日本の左翼団体の過激派である赤軍派の学生によって乗取られたよど号が金浦空港に非常着陸した日の午後、飛行場に行ったところ、丁来赫国防部長官をはじめ、朴提璟内務部長官、白善燁交通部長官等が、皆きて、心配そうな表情であった。犯人達は、そのときまでは、そこが金浦であることを知らないようであった。犯人達にここが大韓民国の金浦飛行場であるという事実を知らせるべきか、また、いかに事態を収拾すべきか、智恵をしぼったが結論が出なかった。そのとき、断を下したのが朴大統領であった。

「ここは平壌でなく、大韓民国の首都ソウルであるという事実を知らせて、犯人を説得し、乗客を降ろすことに同意すれば、飛行機はどこに行ってもよい」「もし最後まで、犯人達が説得に応じず、乗客の生命に危険があれば、日本政府が責任をもって乗客とともに飛行機をどこにでも飛ばすようにしろ」というものであった。

私は、金正濂大統領秘書室長から朴大統領のこの指示を伝え聞いて、朴大統領の慎重にして明快な判断力に驚かざるをえなかった。

幸いにも犯人達が説得に応じて、事態は円満に収拾されたが、当時、飛行機の後尾を爆破しようなどという強硬論まで出てきて、私自身、乗客が犠牲になってはならないという漠然たる考えしかできなかったのに、朴大統領は、乱麻を裁つ如く、事態の具体的かつ段階的収拾策を指示したのである。よく偉大な指導者の真の面目は、国が難関につきあたったときに発揮されるという。私は、朴大統領の慎重にして果敢な指示に卓越した指導者の一面を見たようであった。私は、とくに韓国としては、困難な立場にあるにもかかわらず乗客の安全のために、飛行機をどこに飛ばしてもよいという指示をした朴大統領の人道主義、人命尊重の思想に言葉なく頭を下げた。

朴大統領の人間愛を物語る例をもう一つあげよう。いつか木浦で孤児院を経営していた田内千鶴子女史の息子が孤児院の経費を捻出するため木浦の向い側にある国有地高下島でニワトリや豚を飼えるように韓国政府に交渉してほしいと依頼してきたことがある。

大統領に申し上げたところ、大統領は、「政府で使う予定であるが、人道主義的な社会福祉のためのものならば必要なことである」といって即座に許可してくれた。（金山政英）

人間改造の民族的課題

Ⅰ　人間改造の民族的課題

一、民族的覚醒の必要性

⑴ 民族的危機の認識

今日われわれは歴史上かって経験しなかった最大の「民族的危機」に直面しているという事実を悟らなければならない。生か死か、興るか亡ぶかという、実に民族死活の岐路を決する厳粛な瞬間におかれている。この危機はすでにわれわれの足許に落ちた火の粉であり、われわれが逢着している数々の不利な条件と、困難と、悲劇的事態、そのものといえる。であるからわれわれは、かかる切迫した民族的危機から逃避することもできず、さりとてなるようになれ式の傍観も許されない。逃避と傍観はわれらの無力と卑怯性を顕わすだけであり、結局においてはわれわれを破滅に導くであろう。要するにわれわれは二者択一の立場に置かれているだけである。危機がわれわれを破滅の淵に追い込むままに黙って甘受するか、でなければ対決して克服する道を模索するかの二道しかない。いうなれば今日のわが民族は生死決断の瞬間に置かれているといえる。

われわれの今日の現実は決して平坦なものではない。環境と条件が、繁栄と幸福よりも寧ろ不幸と欠乏を強いている。対内的には為政者たちの連続的な悪政、腐敗と、それに国民の無知覚が加わって、民族の不幸を助長したし、対外的には共産主義者たちの侵略と、不断の脅威がつづいている。顧みれば八・一五解放を迎えて早くも十六年が過ぎ去った。喜びに己れを忘れた民族解放の感激も、共産帝国主義の北韓独占と、六・二五南侵による幾多の民族的悲劇により、はかない朝露のごとく消え去った。それは幻想のように虚しく、痛恨きわまる背信であった。解放の感激が祖国統一と民主々義建設に、何らの助けともならぬまま、一時の虚しい興奮として消滅しようとは、われわれが夢にさえ思ったであろうか！

国土両断と民族の分裂がこの先統一を成就する時まで、どれだけ民族同志の争いと血を要求するかわからない。再び六・二五南侵と同じような北傀（註＝北鮮）の南侵はあり得ないと、果して誰が断言し得るか？彼らが南侵の野望を放棄したという、はっきりした証拠を誰が提示できようか？共産宗主国であり、北傀の親分であるソ連が、世界赤化の野慾を捨てない限り、六・二五のような南侵が再びないとは誰も断定はできないであろう。いや、ただ今現在でも陰性的で間接的な侵略行為は継続されているのである。間諜の大量南侵と、悪辣で中傷的な煽動と宣伝が、昼夜をわかたず継続されており、どうすれば南韓を攪乱して民族を分裂させ、侵略的野慾を達成できるかとの兇計に熱中しているのである。

共産主義者たちは、彼らのみが愛国者であり、民族愛の殉教者のごとく叫んでいるが、実は羊の皮をかぶった狼にすぎない。共産主義者たちの専売用語である、祖国統一とか、中立統一とかいうのも、実相は言語の宣伝的魔力を利用して、彼らの内心の兇計、すなわち赤化統一を巧妙に偽装したものにすぎない。共産主義者たちは真に正しい中立統一を願わず、中立統一なるものが結果的に赤化を意味することを知っているがために、中立統一論を熱心に叫んでいるのである。共産主義者たちは常に表裏が不同である。彼らの甘言利説に迷ってはならない。内では戦争準備に狂奔しながら、外では平和論を唱えるのが共産主義者たちである。

今日におけるわが民族最大の危機は、かかる共産主義者たちの挑戦であり、街の薬売りのような煽動と宣伝である。われわれはこうした挑戦や煽動、宣伝を退け、南北統一の聖業を完遂しなければならない。

しかしわが民族に対する危機は、共産主義者たちの挑戦だけにあるのではない。対内的にも共産主義に劣らぬ挑戦的要素がある。大韓民国が樹立されて早くも十六年が過ぎたが、いまなお国の基礎は定まらず、民族の前途暗澹たるものがあるのは、かくすことのできない事実である。政府樹立に対する民族の歓喜も、解放の感激と同様、為政者たちの政治的背信によって、むしろわれわれにより大きな幻滅と失望を与えてくれた。政党は派党に転落し、政治という形式的名目のもとにあるのは、ただ利権的取引のみであった。莫大な援助は浪費され、失業者は増加し、反共の美名下に国民の弾圧を合理化し、不正選挙で憲法秩序を攪乱し、ついには容共中立思想が四・一九革命の余波に乗って、北傀（北韓）の主張に呼応するなど、国家の混乱と無秩序ぶりは形容できぬ状況にあった。自由党十年と民主党治下一年は、まさに悪夢の歳月であったといっても過言ではない。

内部の混乱と無秩序は共産主義の挑戦と合流して、民族の危機は永久に救うことのできぬ破滅の一歩直前にまでいたったのであるから、民族の将来を少しでも憂うる者として、どうして坐視し得たであろうか。五・一六軍事革命は、破滅直前で民族を救出した歴史的壮挙であった。しかし五・一六革命をもってわれわれが直面している「民族的危機」が完全に除去されたのでもなく、革命が完成したわけでもない。革命はいま始まったばかりである。この革命を国民革命、民族革命に一段と高く発展させて行かねばならないであろう。

(2) 民族愛の欠乏

革命はいま始まったところである。われわれがこの革命を国民革命、民族革命に導いてゆくためには、先ずわが民族が何故今日のような切迫した危機に直面せざるを得なかったかを悟らねばならない。かかる危機を醸成したのが、対外的には共産主義者であり、対内的には為政者たちであるにしても、われわれは彼らに責任を負わせて自分自身は何の反省もなく安逸に過ごしてよいものであろうか。共産主義を憎悪し、過去の為政者たちを法的に問責することで、この民族的危機がすべて解消し、革命が完成されるのであれば、これより結構なことはあるまい。しかし私はこの際、われわれ民族全体が一大反省をしなければならぬということを強く主張したい。共産主義の挑戦からわが民族を守護し、主権者をして再び失政と腐敗を繰り返さぬようにするためにも一大民族的な覚醒が要求されるのである。革命は民族的覚醒から出発しなければならない。

過ぐる十余年間、わが民族を今日のごとき危機に追い込んだ原因を「民族意識の欠乏」にも見出すことができるであろう。「共に生き、共に死ぬ」との、運命共同体としての民族的自意識が、余りにも欠けていたのではないかと思われる。民族意識が欠けていたために民族愛がなく、民族的利益に対して無頓着であったのではないか。民族意識が欠けていたために、共産主義者たちは資本家だ、労働者だと騒ぎながら民族分裂を策したし、国内の政治家と国民たちは、自派と私的利益の追求にのみ汲々としたあげく、民族全体は常に放置されてきたのである。一切の政治的派閥争いが自派の利益追求から出発していない事例をわれわれはまだ見ていない。個人間の謀略、中傷が個人の私利私慾の追求からでていないという事例も、まだわれわれは聞いていない。派閥争いと私慾には血眼になって騒ぎながらも、民族の共同利益に対してはどうしてそんなにも冷淡なのか、不思議千万というほかはない。

われわれは一つの民族、一つの同胞でありながら、利己愛と党派への忠誠や情熱は過ぎるほどに強烈であったが、民族に対する情熱は余りにも冷淡であった。利己と党利が民族的利益や国家利益よりも優先し、投票と選挙が利己と党利のために犠牲となった。過去の抗日闘士や殉国烈士に対しては無関心であり得ても、現在の執権者に対する追従と阿諛は捨てることができなかったのだが、昔も今もわれわれ民族の悪い根性であった。現在の執権者に対しては尊敬することも、賞讃することも知っていながら、過去の志士や烈士に対しては、その名すら忘れ去っている実情である。かくして生きている執権者の銅像は莫大な金額で建てられ、過去の志士や義士の墓前には、石碑一つ見るべきものがなかった。このようなひねくれた民族の性根、民族愛の枯渇の中から、どうして健全な良識ある民族性の成長と、同胞愛を期待することができようか。この際、われわれは国民各自が胸に手を置き、過去を深く反省して、真に正しい民族の一員に再生しなければならぬと思う。われわれの胸底に潜んでいる反民族的、反愛国的な一切の毒素を根こそぎにし、その台地の上に新たな民族的情熱を燃やさなければならない。枯渇した民族愛が新たに芽を吹き、萎縮した民族意識が回生するとき、はじめて民族革命、国民革命の烽火を挙げたことになるであろう。

(3) 特権、特殊意識の止揚

わが民族の共同利益と繁栄、民族的団結を阻害する重要な要素に、「特権、特殊意識」を挙げることができよう。俺はお前より金があるとか、優れているとか、良い学校を出たとか、いった学閥意識、うちの祖先は大臣だったし、兄は現在某局長、某長官だといった、いわゆる門閥意識、お前はわが党、グループ、教派でないからわれわれの敵だといった各種派閥意識等々、実にこうした特権、特殊意識はわが民族の意識全部を独占しているといってもいいほどに蔓延している。近代の民主々義、選挙制度を蝕む幾多の宗親会、門中会、花樹契（註=親睦のための寄合）あるいは地方閥意識を助長して民族分裂を画策し、個人関係を破壊する郷友会、道民会、郡民会、さらには親睦と学問の目的から外れて、党派をつくり学問を独占歪曲する各種学会、グループ等々、数えれば枚挙にいとまがない有様である。

同門関係、地縁、血縁、その他いかなる縁故関係を契機とするも、ひとたび集団が形成されると、それが親睦の範囲を越えて直ちに特殊、特権意識の集団体に変貌する。そして自派と他派とを分け、敵と味方を造り上げるいわゆる排他精神が生まれるのである。それがさらに同窓、同郷、同派でないものはすべて憎い、本人が憎いからその妻、父母、兄弟も憎いといった式の排他精神に発展する。これが今日の韓国の実情である。これまでの韓国には事実上本当の同門会、純粋な郷友会、学会、宗親会なるものはなかったといっても過言ではない。こうした各種団体が却って美風良俗を害し、民族を分裂させる潜在的原因であったといえる。

知性人たちの集結所である大学社会内の派閥争いと紛糾を回顧してみよう。学園が学問を研究する所というより、むしろ教授の派閥争いの舞台であるという印象を受け、一時世人の指弾を受けた事実が、今なおわれわれの記憶に生々しい。すべての事項が学則と知性によって処理されるべき大学社会内で、アカデミズムの助成は二の次にし、派閥と憎悪感だけが冷たく漂っていたのが、過去の学園雰囲気であった。国家を支え民族的良心の支柱として信じてきた学園が四・一九前後を峠として、一般国民の信望を完全に裏切ってしまった。同じ学校内ですら国内派だ、国外派だ、一流校だ、二流校だといった党派意識が根を下ろし、これが学風をむしばんでこの国の学問の発展を阻害してきたのである。

それは学派だけに限らず、真正な宗派や教派もなかったといえる。教会と教会の対立、教派間の軋轢反目、中でもとくにわが社会の指弾を受けたのが、いわゆる仏教の紛争である。このような対立軋轢、紛争の原因が、観念上の差異から来るものなら名分も立つが、仔細に検討してみれば総てがヘゲモニー、あるいは財産権争いに帰着するのである。民心の帰依処であり、倫理の原動力である宗教会のかかる腐敗は、かえって社会一般の秩序に悪影響をもたらし、その隙を縫って似而非宗教などが雨後の筍のごとく簇出し、一般国民を欺瞞して家財を蕩尽させたのである。これがすべて特殊、特権意識の所産であることを、われわれは深く悟らねばならない。われわれが一つの民族であることを悟るならば、親疎と学問能力の優劣、理念の差異はあり得ても、特殊、特権意識なるものはあり得ようはずがないのである。

(4) 党派意識の止揚

かかる特殊、特権意識は社会の基本秩序を紊す原因となり、自由民主々義の健全な発展を阻害する、極めて悪質な要素となった。これが過去や現在を問わず国家や民族を亡ぼす決定的な原因でもあった。特殊、特権意識がわれわれ個人の精神を虜にしている以上、意識的であるにせよないにせよ排他主義と派閥意識を造り出さざるを得ないのである。

われわれの心の隅々からこの特殊、特権意識を根こそぎ払拭しなければ、われわれが今後政党をつくり、議会制度を復活させてみたところで、過去の反復にすぎなくなることは火をみるより明らかである。であるから政党がいかなる理念を標榜し、金科玉条のごとき政綱政策を掲げても、それが政党を率い、統制し発展させて行く原理とはなり得ないであろう。早晩、その政党は再び新旧、あるいは嶺南派、湖西派、以北派とわかれ、分派分党をこととして政党本来の使命から逸脱し、民族全体を忘れて自派利益のみを追求する私党に転落してゆくに違いないのである。

過去のすべての国家政策が、私党の利害関係によって変造歪曲され、自党の利益に合致する場合のみその政策が決定施行されたのである。国家政策を決定する基準が、民族全体の利益や国家の利益ではなく、自党、自派の利益が主眼であったのだから、これでどうして民主政治が具現し、民主々義の成長があり得よう。したがって政党なるものが政策上の対決はなし得ず、自然謀略と中傷、権謀術で政争にあけくれることになるのである。

政党の党員という連中も、要するにマキャベリズムの講習生にすぎず、国会なるものも政争のための合法的舞台であったにすぎない。国会議事堂が街の市場と大差なく、いわゆる国会議員なるものは、政商輩、政治ブローカーの別名であった。選挙のときは羊の面をかぶり、ひとたび当選すれば民衆を裏切る狼の正体を現わすのが常であった。

あるいはまた彼らは履歴書の包みを持ち歩く職業仲介人、利権請負業という一種の高級特権職であった。こうした政治的混乱の中で、正しい政党政治と民主々義が発展できると考えるのは、それこそゴミだめにバラの花が咲くのを望むのと同じであろう。

英、米諸国の例をあげるまでもなく、近代の自由民主々義は政党制度をその基盤として発展してきた。政党政治は近代的自由民主々義の土台である。近代的自由民主々義が議会制度を採択せねばならぬ以上、政党政治は必須的なものであり、これがまた封建的専制主義や、新版共産独裁とは区別される極めて特徴的な制度である。われわれは近代的自由民主々義のみがわが民族が生き、繁栄できる唯一の制度と思うがゆえに、いかなることがあっても健全な政党をつくりあげる準備を進めなければならない。政策と理念によって相互批判し闘いつつも、一定の限界と自制をもつ国民の政党、民族の政党を持たなければならぬと思う。

しかしこうした政党制度を復活しようとすれば、先ず党派意識を止揚しなければならない。党派意識が払拭されないかぎり、それは過去の自由党と民主党の再版にすぎなくなる。われわれがこの際、骨身にしみて考えねばならぬことは、過去十余年間の非正常的で無軌道な政党活動が、わが民族に最大の不幸を招来したという事実である。解放直後には無慮六十余の政党が乱立したが、これは民族分裂と党派意識のみ助長した「党派群の統計」数字にしては、その尨大さに唖然とするものがあった。

大韓民国が樹立されてのち、当時の大統領当選者李承晩博士の指示でつくられたのが、いわゆる「自由党」であった。自由党の政綱政策は勤労大衆のための唯一の政党と自負したけれども、その実、国民全体を無視した、国民的基盤をもたない李博士個人の私党であった。それでついには自派領袖の政権延長のため、不正と不法の奸計を練り、それを国民に強要することにより権力的党派に転落してしまった。自由党こそまさに政党として「自派利益中心体」の一つの標本であり、世界選挙史上その類例をみない「不正選挙兇計の温床」であったのである。

ところで民主党はどうであったか？韓民党から発展した民主党は四月革命の恵沢で与党の地位を得たものの、ついに新旧派に分党するまでの民主党の足跡は、典型的な「派閥争いの歴史」であった。野党時代からの新旧派の軋轢は、選挙のあるたびに表面に露呈したが、とくに一九六〇年の三・一五正副統領立候補問題では、党内の軋轢、対立は極度に達したものである。それは党を割らざるを得ぬ極端な分裂相であり、民主党自体の終末的兆候であった。自由党治下では唯一の野党として、自由党への国民の憎悪からくる反射的な支持と同情を得たものの、四・一九以後ついに爆発した党内派閥争いの醜態は、到底国民が正視するにたえない程度であった。それは民主党も自由党に劣らぬぐらいの私党であったことを証明している。党派は常に不正と結託するものであるから、民主党だとてこれの例外ではあり得なかった。執権一年もみたぬうち、不正蓄財者たちと結託し、政治資金の収奪、情実人事、容共中立思想の助長などで、社会を無政府的状態にまで腐敗させ、ついに民族を破滅の直前にまで追込んだのである。これらすべては政党が派閥意識を清算できなかったところからきている。

(5) 民族的自我確立の必要性

ところで問題は制度自体にあるのではなく、その制度を構成し運営する個人にあるといえる。いかなる団体、政党といえども、その構成要素は個人であるからである。また民族運命の共同体といえども、これまた民族構成の要素は民族個々人である。したがって、いくら制度を直し機構を改編したからといって、その制度を動かす個人が旧態依然であるならば、再び前轍を踏むほかはないであろう。われわれがこの際、「人間改造」を叫び、「民族的自覚」を要請する所以もここにあるのである。しかし「民族愛の欠乏」とか、「特殊、特権意識」とか、「党派主義」とかいったものは、歴史的な深い根をもっているだけに、これを完全に抜き去るには相当な困難が伴うであろうことはいうまでもない。

このような悪質な民族根性は事大主義、貴賤嫡庶の階級観、派閥党争などと決して無関係なものではなく、依存思想や阿附根性、支配者への盲従なども、李朝五百年の歴史にその根源があるといえる。派閥と排他で民族分裂を助長する特殊・特権意識も、過去の封建的な身分制度、官僚制度に直接的な淵源がある。党派意識も李朝史に根ざしており、四色党争（註＝四色とは李朝時代にあった四つの党派すなわち老論、少論、南人、北人をいう）の初めにしても、政策上の争いではなく官職争奪のための対立反目から発生したことを知るのである。

李朝党争の長い系譜はついに壬乱（註＝壬辰倭乱）を経て、旧韓末の悲劇と韓・日合併の最後を齎らしたことは、余りにもはっきりした事実である。かかる歴史的悲劇を十二分に知っていながら、再び前近代的な党派意識の捕虜となって、政争を事とするということは如何に愚かなことであろうか。

真に恐るべきは個人の意識の底にある、かかる「悪質的な根性」である。したがって、人間改造は自己意識の革命であり、ひいては自由民主々義の下で生きられる人間の資質を形成することになる。いいかえれば「自我の確立」が先決問題であるわけだ。自我の確立した個人がなく、服従と隷属下にある封建的身分関係だけがあるとき、そこに阿附と事大への依存、特殊、特権への奴隷が生れることになる。自我の確立がなく、父と子、主人と奴婢、年上と年下などの関係からは、平等もなく人権もない。そうした封建的関係には平等や人権の介入する余地がないのである。自己の確立がないのだから自己の人権があるはずがなく、自己の人権がないのだから、他人の人権を尊重する道理がない。自己確立がないとき人に依存し、党派をつくって民族を害するようになる。自己の確立があってはじめて民族の一員だという確固たる自覚が生れ阿附と事大根性がどれだけ自己を冒瀆し、民族を害するものであるかを悟るであろう。

西欧においての近代の過程は個人の確立を基礎としている。個人の確立のないところには、近代化もなく、民主々義もない。自己を確立するということは、まず自己を知るということである。自己を知ってはじめて他人を知り、さらに民族を知ることになる。そして自己を信頼することになって、民族をも信頼することになろう。人を信じ、信頼するということと、人に依存するということとは雲泥の差異がある。これは封建と近代の差異そのものである。人を知り、人を信ずるところに、真の妥協と協力が可能となるのである。

自己を確立するということは、自律性と自発性を確立するという意味である。自律性と自発性がないとき、他律に強要され、支配される。よしんばそれが羊のように従順な服従であっても、近代的民主化の過程を妨げる要素となる事実を見逃してはならない。自己の生活においても自律的・自発的であるべきであり、自己思想の判断にも自律的・自発的でなければならず、投票など各種政治参与においても同様であるべきはいうまでもない。

依存と事大根性は自律と自発性のない証拠である。過去の売票行為、不正贈収賄など、各種の陰性的、非正常的な事態は、その根源をさぐって行けば、結局自己確立のないところからきている。自己を信じ、自己が確固としておれば、いかなる甘言利説や不正、不法にも引摺られることはないはずである。

今日、我が民族に切実に要求されるのは、何よりもまず「自己の確立」である。これのみが過ぎし日の腐敗と不正を一掃することのできる、根本的契機であるといっても過言ではない。

二　民族社会の再建

(1) 社会正義の実現

今日、わが社会において何が正しく、何が誤りであり、いずれが正当でいずれが不当であるかという、一つの基準がたっていないことは事実である。

何が健全で何が不健全であるかを区別する客観的尺度もないのである。客観的基準または尺度がないから、自然に自分と自派利益に合致するものが正しく、合法的であり、自分と自派に不利であれば、それは誤っており、不法的であると判断するのが現在の実情である。政治、経済、道徳その他文化全般においてそうである。いうなれば社会正義がアナーキズム的状態にあるといっても過言ではない。

全ての物事を自分を標準とし、自派中心に解釈するから、ここには意見の衝突、利害背反という極端的な対立を招来することはあまりにも当然である。こうして個人と個人との不和、団体と団体の反目、ひいては謀略と中傷が横行し、ついにはあらゆる物事が暴力に発展するのである。

自分がやる事は何でも正しく他人がやる事は全部誤っているとの思考方式、自分がやる事業は合法的で国家民族の利益と一致し、他人がやる事業は全て不法的で国家民族に有害であるという思考方式、自分が研究する学問は高い評価を受けるのであるが、他人が研究する学問は一文の価値もないという思考方式、こうした自分中心自派中心の思考方式が社会秩序を乱す心理的原因といえる。このような思考方式が政党に反映されれば自党の政綱政策は国利民福に沿うけれども他党のそれは反国家的で反民族的であるとの見解を抱くようになるのである。これが極端になると自分はどんな行動をとってもいいが他人はいけないとか自分にはそういう自由があるが他人には何らの自由もないというような思考方式も出てくるのである。

これが発展して他人はどうなろうと、民族と国家が亡びようとそれはどうでもいいことになり、自分自身だけいい暮しができて、自分の家族だけがぜいたくができて、自派のみが有利であれば他はどうなろうと構わないということになり、それがいつのまにか普遍化して、またそれが当然の事のようになってしまうのである。

兵役忌避者は利巧であり、それのできないものは馬鹿扱いをされてきた。収賄をしない公務員は公務員の異端者として冷く見られたのである。情実人事、猟官運動、貪官汚吏、不正蓄財が当然と見られ、そうしたことのできない人間は冷遇を受けてきたのである。

法よりも腕力の強いものが勝つ世の中、バックがあり、金のある者のみが生きられる世の中、弱く金もバックもない者は生きてゆかれない不平等の社会ができあがったのである。すべてが逆理で通り、不法と不正のみが順応できたのが、過去のわが民族社会であった。すべてが逆さまの社会、価値が顚倒した社会であった。

しかし、いつまでもこうした状態を放置するわけにはいかないのである。

かかる非正常的な社会を矯正して、新しく正常的な社会を作らなければならない。社会正義を回復し、正邪をわきまえる社会を建設せねばならないのである。今日われわれは社会のすみずみまでみちている過去の不正と不法を果敢にえぐり出す一大手術を加えねばならない。社会正義が回復され、価値判断の基準が客観的に確立されねばならない。

思考し、判断し、行動する共通の基準があって、互に信じ愛し合って生活できる健全な社会が再建されねばならないのである。

公務員は本然の吏道に立ち帰り、実業家は良心的な商品生産に努力し、あらゆる紹介と案内と取引における信用が回復されねばならない。

人間は誰もが生存権をもっている。しかし他人の生存権を侵害してまで自分の生存権を拡張せんとする態度は少くとも正義が実現している社会では絶対に許されないのである。とくに人権と自由が保障された民主々義社会においては到底容認されないことである。己れも生き、他人も生き自派の利益と民族全体の利益が一致する面でわれわれは思考し行動しなければならないと思うのである。いわば全体の利益と個人の利益が合致するところにわれわれの社会正義が実現されねばならないのである。しかし個人と全体の利益は調和されるよりもむしろ背反しやすいのである。こうした背反と対立を適切に調節するところに「衡平の原理」つまり社会の正義が回復されるのである。全体の利益と個人の利益が背反、対立する際には個人の犠牲と統制によって一致点を発見しなければならない。個人と全体の利益が背反対立するとき自分を統制し、抑制しながら全体と個人の一致点を模索し発見するのがいわゆる良識であり、これを民族的見地からみた場合民族の良心ともいえる。良識が回復され、民族的良心が復活されることによって、今後わが民族全体が繁栄することのできる社会正義が実現されるであろう。

(2) 社会的・経済的平等

「人の上に人を作らず、人の下に人を作らず」との言葉があるが、いまだにわが社会に厳然と存在しているいろいろな差別と不平等は前近代的、封建的要素であることはいうまでもない。もし近代民主々義から人間平等思想を除いたら、それは空気の抜けたゴムマリのように抽象的観念に過ぎないのである。

とくにわが民族には他人を見下げ、賤しめる傾向がある。いわば一種の差別意識、特殊意識からでた差別と不平等の現象であるが、これが道徳的な面で著しく現われるのである。「土手は見下しても、人は見下すな」という諺もあるが人間が人間を蔑視し、同胞が同胞を見下げるということは民主主義的平等社会では到底許されないものである。人間は親近感の多少と血縁の遠近によってあいさつと礼儀をわきまえなければならないのであるが、職業とか貧富の差で人間を差別待遇するとか、無視するのは礼儀に反するものである。それは特殊意識、特権意識の発露であり、平等思想の欠如以外の何ものでもない。職業とか貧富の差のために互に無視したり、賤しめるならば、これもまた民族分裂を助長する原因になるだろう。精神的であろうと道徳的であろうといかなる関係を問わずにこうした不平等の現象が現われるということはいまなお近代的民主精神の洗礼を受けることができなかった証拠である。精神的、道徳的平等はあらゆる平等権の基本になるものである。しかしながらわれわれがとくに注視して、これの実現のために努力したいのは、より「実益ある平等権」の保障である。

現在われわれは憲法によって、政治参与の平等が保障されている。選挙権と被選挙権、そして公務担当権がそれである。しかし、実質的に完全にその平等が保証されているのは選挙権だけであろう。選挙権というのは結局投票権であって、これのみは貧富の差、学識の有無、程度などの拘束を受けず、誰でも平等な「一票の権利」をもっている。ところが、これも自由党治下では、官権と金権の威圧により、投票権が実質的に剝奪された事例が一度や二度ではなかった。しかしながら投票の平等権は有権者が自覚さえすれば ある 程 度完全に保障できるであろう。

ところが被選挙権と公務担当権のみは、そうたやすく解決される性質のものではない。こうした権利も勿論法的にはその平等が保障されているけれども、実際の行使、すなわち立候補においては、個人の意思より経済的能力に左右される例が多いからである。また官権によって立候補手続が妨害され、立候補登録ができず、結局は被選挙権が剝奪される例もなくはなかった。いいかえるならば、金のあるものは被選挙権を行使することができ、金のないものは行使できないという矛盾があったし、与党候補者ならば立候補も容易であるが、野党出身の場合は立候補手続すらも危険なときがあった。いわば貧富の差と官権が国民の基本権の平等を侵害し、ついには剝奪さえしたのである。今後は平等権を侵害するすべての要素を除去し、名実共に平等権が確立されるようにせねばならない。

経済的能力によって平等権の制限を受けるのは参政権だけではなく、法的救済の要請、すなわち訴訟事件においても顕著に現れた。自己の権利回復を主張しようとしても、法的手続の複雑性、技術性と、巨額の訴訟費用は、事実上「法の前には万民平等」の言葉を無意味にした。「法の前には万民平等であるが、経済能力に応じて不平等たり得る」というのが現実的結論である。

したがって、平等といえばどうしても「経済的平等」という言葉を先に考えるようになる。経済的平等というのは財産の公有や分配を意味するのでなく、最低の生存権の確保において平等でなければならぬということだ。職業の機会を平等に附与し、個人所得を最低線にまで平等に引上げ、国民の最低生活が平等に保障されねばならぬという意味である。これが実現し、民族の福祉社会が建設されなければ、われわれが望む自由民主々義は再び大きな危機に直面するであろう。これからのわれわれの社会は、職業が平等に保障され、医療消費の均衡が保障された福祉社会でなければならない。貧困、飢餓、低所得は、わが民族が標榜する近代自由民主々義に対し、極めて危険な挑戦となるであろう。共産主義が狙うのも自由社会のこうした虚点である。

したがって、自由民主々義国家が放任から計画制に、夜警国家から福祉国家へと志向せざるを得なくなった理由もここにあるのである。今日の自由民主々義は自己の内部がもっている、自らの敵を捕捉し処理しなければ、共産主義に食われる虞れが多分にあるといわねばならない。現在、革命政府が経済政策に特に重点を置き、民族的総力を傾注しているのもこのためである。経済計画を樹て、国土建設事業を積極推進し、莫大な資金を投入するのも、失業者を救済してこの国から貧困と飢餓を追放し、名実共に「経済的平等」を実現させるためである。国家経済の各種尨大な計画と実行が、わが民族においては政治革命、人間革命と共に社会改革の不可避な一環であることを確信する。かくしてわが民族が「経済的平等」を享有し得るとき、他のすべての平等権も同時に実現するであろう。現在わが民族全体を覆うている、差別と不平等という前近代的現象の鉄鎖を果敢に断ち切り、民族の繁栄と幸福を実現させる、自由と平等の社会を速かに建設しなければならない。

(3) 個人経済生活の保障

経済問題は今日、わが民族の最大の苦悶であり、またこれが自由民主々義の基礎であるために、項目を新たにして今少し論じてみたい。

今日わが民族が直面している最大危機の一つが、今なお貧困から解放されていないという事実である。衣類のない同胞、家がなく巷を徨う同胞、食がなく飢えている同胞、こうした同胞たちが最低生活の保障を受けていないという事実である。同胞の一部が未だに貧困と生活の不安から解放されていないことが、今日わが民族全体にもたらした不幸の要因であったことを忘れてはならない。

自分一人だけ楽に暮らせばよいとか、一部特殊層のみ楽であればよいとか、という考えは、現在の民主主義社会では許されないことである。人の暮らしが富裕なとき、同時に自分の生活や財産も保障されるということは、あえて民族の共同運命を強調しなくても、当然な現代社会の必然性である。人が貧しく苦しければ、自身の生活と財産も同時に脅威を受けるものである。われわれの個人的経済生活というものは、個人的なものに止どまるのではなく、それが必然的に社会的影響をもたらし、民族全体に悪影響を及ぼすものであることを忘れてはならない。

同胞の一部が衣食に困っているのに、自分だけ好衣飽食すればよいとの利己中心の考え方は、あくまでも反民族的態度といわなければならない。われわれが社会の構成員であることと、民族共同体の一員であることを否認できず、またそこから抜け出すこともできない以上、同胞が困っているのに己れだけ贅沢をしようという考えは、まことに危険であり、愚かな妄想というべきである。個人の経済活動というものは、所得面でも消費面でもあくまでそれは自由である。そうした自由な経済活動の中にも、民族の共同運命を強く意識し「経済的民族愛」を昂揚し発揮しなければならない。

ところで、こうした民族の共同運命に対する意識と、経済的民族愛は、政府の経済計画の実行に、積極的に協力してこそ発揮されるのである。今日、政府が経済復興に積極的に注力せざるを得なくなった、最も根本的な原因である民族の貧困相を、もう少し統計数字上からみることにしよう。

一九六〇年に提出した「韓国の経済改革方案に関する対米覚書」では、総労働力を九百万四千人とし、完全失業者を百三十万人とみている。革命政府が経済開発五カ年計画のために調査したところによれば、同計画の基準年度である一九六〇年末の失業者を二百五十万とみているが、大体において韓国の失業者は百万以上になることは確実なようだ。（五・一六革命以後、国土建設事業の積極推進と、完全雇傭政策が奏効して失業者は相当に減少した）

失業者数がこんなに多いのだから、統計数字に表われた国民の平均所得も僅少であることはいうまでもあるまい。一九四九年四月から一九五〇年三月までの調査による、いわゆる「ネイサン報告」においても、国民の一人当り平均所得が七〇ドルに過ぎないとしている。このお話にならない所得も、そのうち六七ドルが国民の生産所得で、三ドルが外援所得であるといわれる。国民の平均所得が一〇〇ドル未満というのは、恐らく世界でも最低の所得率ではなかろうか。とくに全人口の七割を占める農民の貧困度は甚しいものがある。一九六一年度農業年鑑によれば、農民の一戸当り年平均所得は四一万八千七百圜であるが、一戸当り平均支出額はそれよりも超過して、四五万三千五百圜で、毎年三万八千八百圜の赤字を出している。このような農家の赤字が離農を招き、いわゆる農村高利債を生む原因となったのである。かかる国民の低所得、農家の赤字運営、多数の失業者は、この民族の貧困さを如実に現わしたものであり、さらに自由党と民主党治下十余年が残した極めて遺憾な足跡だといわねばならない。

この貧困状態がやがては窃盗、殺人、スリ、掻っ払いなど、社会の各種犯罪を生む原因となり、またこの貧困さが共産主義浸透への通路として、自由民主々義自体を脅威する敵となったのである。

近代の民主々義が経済政策に重点を置き、個人の経済生活を保障して社会の各種福祉制度を整えようとするのもこのためである。一時は政府の放任政策のみが、国民の経済活動の自由を保障し、繁栄をもたらすことができると考えられたが、現在ではそれが貧富の差と失業者をつくるに助けとなる、ということを確実に知るようになった。そこで放任と計画を併用し、個人の経済生活の保障のため、積極的に関与し計画するようになったのである。

民族繁栄と幸福の重要な目標が、個人の経済生活の保障にあるだけに、政府はこれに強力な行政力を発揮せねばならないであろう。

現在、国土建設事業を実施し、経済五カ年計画を実行するのも、すべては経済再建、産業革命により失業者を救済し、国民所得を向上させて、個人の最低経済政策を保障するためにほかならない。われわれは今後継続して産業復興に尽力する一方、失業者手当制や、失業者保険制度職業紹介事業、労働市場の統制などの施策で堅実な社会福祉制度をつくりあげねばならない。

(4) 個人の人権と自由

民族の一人として自分にも生きる権利があり、思考し発言する権利があり、政治に参与する権利があるという、いうところの権利意識を満喫することのできる社会が、今後必ず到来するであろう。国家は個人が生き、個人の家族が生きられるように適切な保障をすべきであり、何らかの制度や施設によってその生存権を保障すべきであると、われわれは主張できなければならない。そうした主張と要求ができるような社会的、政治的環境が助成されなければならず、またそうした主張と要求が、法的に経済的に実効を収め得なければならない。今後は自己の生存権を誰でも平等に要求できる社会にならなければならず、またこうした要求が法的保障の下に、それを要求する民族の一員、すなわち個人に実質的な利益がもたらされなければならない。実質的な受益がなく、ただそうした要求のみできるとするならばそうした保障は無用の長物である。

しかし自己生存権の要求も、無制限、無条件の権利だとはいえない。自分は何もせず空しく日を送りながら、同胞や政府の保護だけを受けようとするなら、それは生存権の濫用以外何ものでもない。遊びながら食わせてくれというのは、余りにも恥知らずな要求である。いくら自己の生存と幸福を追求できる天賦の権利があるとしても、それでは権利の濫用というのほかはあるまい。いずれにしても近い将来には、国民の基本権の一つである生存権が、完全に保障される福祉制度が実現されなければならないのである。

さらにわれわれは誰もが自由に考え、発言のできる権利が保障されなければならない。自分にも考え、いうことのできる権利があるのと同様に、他人もまた考え、発言できる権利が同等にあるということを認識しなければならない。われわれはいかなることでも自由に考え、発表できる権利をもっている。また他人が発表したことを自由に批判し討論することのできる権利も同時にもっている。また自分自身が発表した言論や思想が、他人によって批判され、自由に討論されるという事実を忘れてはならない。

社会環境と法はかかる言論と思想の自由を基本権利として完全に保障しなければならない。法によって言論と思想の発表が保障され、政府施策に対する建設的な批判も容認され、保護されなければならない。自由な思想と発表、そしてそれに対する公開的討論と批判は、近代自由民主々義の核心的要素である。いかなることがあっても今後はこうした権利が法律で保障されなければならず、またそれが実効を収めるものでなければならない。

しかし言論や思想がいくら自由だといっても無制限なものではない。良識からはみ出た放縦な思想と言論、民族を分裂させ、民族を害する思想と言論は、道徳的にも法的にも容認されないのである。「良識の基準」から外れるとか、民族全体の利益を害する発言は、それが社会の発展よりむしろ不幸を齎らし、ひいては民族全体を危機に追込むであろう。そしてそれが結局は民族だけでなく、自分自身をも破滅に導くのである。今日、共産帝国主義が民主々義を仮装し、言論と思想の自由の権利を利用して、宣伝と煽動を行なった場合、それがどんなに危険なものか考えてみよ。いくら言論と思想の自由が保障されているといっても、民族全体の利益を害するとか、そうした権利を保障している法的秩序と社会制度を破壊するものであったならば、それは到底容認さるべきものではないのである。

ともあれ今後は自由に考え、言うことのできる権利が確固として保障されなければならない。またこの基本権が階級や、身分や、貧富の差がなく、平等に保障されなければならない。農民や学者、政治家や実業家、何人を問わず、かかる権利は平等に保障されなければならず、また平等に享有されなければならない。かくして政治、経済、文化など各部門に対し、個人の思想と見解は最大公約数に集約され、民族の公論として形成されるであろう。

各部門、各方面に対する民族の公論、民族の共通見解が形成され、それが政府政策の強力な背景となるならば、すべての政府施策は順調に進行し、その効果も十分に発揮されるであろう。さらにこうした公論と見解が、時代と情勢の変遷に従って適宜修正され、変化しながら新たな慣例と伝統を形成するなら、それはこの上もない結構なことといわなければならない。

このほかにもわれわれの権利は数多い。またわれわれは他の民族に劣らぬ良い憲法をもっている。世界の多くの国民が享有するのと少しも遜色ない、各種の人権が憲法に明文化されている。憲法が人権を規定しており、政府がこれを強力に保障する以上、わが民族が享有すべき諸権利は完全に実現されるであろう。政治を行なうものは勿論、法を運営するものや国民も、かかる諸権利が確実に保障され、実現されないはずはないという意欲と信念をもつべきである。こうした意欲と信念が全民族的なものになるとき、わが社会は過去のいずれの時よりも、最っともよく人権が保障されるであろう。

われわれはわれわれの権利を発見し、これを積極的に実現するため、一体になって努力せねばならない。眠っている権利は権利ではない。良識にたがわず、民族全体の利益に矛盾しないかぎり、われわれは自身の権利発見に努力すべきである。こうした努力が実を結ぶとき、結果的にそれが、他人の権利も、民族全体の利益も拡大させることになろう。これこそまさにわが民族の繁栄と幸福である。われわれは基本権の一つとして自由権を主張する。人間は誰でも、生まれてから死ぬまで自分の思う通りにしたいと思っている。これは人間の本能である。

人間は自由の主体である。しかしひとりでは自由も不自由もない。他人との関係、他集団との関係においてのみ自由が問題となる。自由とは社会関係をもつところでのみ意義があり、それが権利として問題となる。

わが民族はおそらく、歴史上自由の恵沢を受け得なかった多くの民族の中の一つであろう。李朝五百年のみをとっても身分と階級による上下服従関係、換言すれば支配し支配される関係にあったのであって自由はなかった。支配するものは支配する立場があったために自由意識をもちえず、被支配者は常に屈服と隷属下にあったため自由を享受することはできなかった。支配層は支配するとの権力意識の虜であったし、被支配者は自身の萎縮の中でのみ生きてきた。いかなる時代いかなる社会においても人間関係というものはなくしえない。しかしそれが対等であり自由な人格としての関係と支配と服従との関係には、大きな時代的差異がある。

東学党乱のような政府を相手とした民衆運動がなくはなかったが、そうした運動が近代的自由民主々義思想を背景にしたものでなく、漠然とした自由意識であっただけである。

ところで、わが民族の自由は、日帝治下の民族抗日運動の過程から、歴史的に形成されたとみることができる。一九一九年の三・一抗日闘争は、ウイルソン大統領が主張した、民族自決原則に刺戟されて起った自由と独立のための運動であった。三・一運動をはじめとする多くの民族運動は、それが「民族的自由」のための運動であって、「個人の自由」のための運動ではなかった。順序的にみれば個人の自由がまず確保されて、それが進んで「民族的自由」に昇華発展すべきであるが、わが民族の複雑な近代史は自由権の発展にも、その前後に顚倒があった。それは歴史的、時代的の条件のせいにしても、真の自由はまず個人の自由から出発しなければならず、個人の自覚から出発しなければならないであろう。

さて、八・一五民族解放は自律的なものというより、他律的な民族解放であったし、異民族の拘束から完全に離れた民族解放は、大きかった解放の感激とともに「自由の過剰」に陥ってしまった。内部からの自己努力によって実現されたものでなく、外部から押寄せた自由の波であったために、それを消化し選択する余裕もなく、その波に呑まれてしまったのである。

やがて大韓民国が樹立され、国民の基本権として憲法が規定されたが、それは一つの文書上の抽象的な規定にすぎなかった。政府がそれを実現するため努力するというより、むしろその自由権を蹂躙することにつとめた。かくして政府によって虐げられた自由は「政府の強圧から脱しようとする自由」「政府の弾圧からのがれようとする民権」の形態で闘ったのが、自由党の治下であった。

一方国内の経済事情、すなわち貧困、飢餓、失業などでは、民族の基本自由に対する重大な脅威を加え、外には共産帝国主義の侵略が民族の自由を破壊していた。自由党を崩壊させた四月革命のお蔭で政権を握った民主党治下では、かえって自由の過剰現象が起った。自由の過剰というよりむしろ「混乱と無秩序の過剰」といった方が適切かもしれない。四月革命の余波ともいえようが、暴力とデモは至るところで人権と自由を蹂躙し、容共中立思想は北韓カイライの宣伝に同調して、国内は極度の混乱に陥ったものであった。

かくして一時は政府が蹂躙した自由権を、今度は同じ同胞同士で踏みにじるようになったのである。

個人が個人の自由を蹂躙し、集団が集団の自由を蹂躙する、こうしたアナーキズム的状態から、個人の生命の脅威さえ受けたものである。四・一九が、政府の権力濫用から国民の自由を取戻した、とするならば、五・一六革命は社会の混乱と無秩序から、奪われた自由を取戻したといえよう。

人生とは自由の実現過程であるともいえる。自由の実現過程に個人の幸福と繁栄がある。個人としての自由を実現すれば、それが直ちに民族の自由を実現することであり、個人の繁栄と幸福を実現すれば、それが民族の繁栄と幸福の実現に直結するといえる。われわれは自由から個人を見出し、民族を見出さなければならない。またわれわれは自由の中で自我を実現し、自由の中で民族愛を発揮しなければならない。

(5) 自治能力の向上

しかし自由とは、なんでも心の赴くままに行なうことではない。思いのままにする自然的行動は、恣意や放縦であって決して自由ではない。恣意と放縦ほど自由を蝕むものはないのである。自由は限界をもっているとか、自由は責任を伴うものであるとかいうことは、すでに常識的見解となっている。自由が限界を越えたときすでにそれは自由でなく、放縦と恣意であり、その結果は秩序を破壊し、社会を混乱に陥し入れる。自由が限界を越えるとき、それはすでに自由自体を否定するものである。自由に対する最大の挑戦者は放縦と恣意といわなければならない。

自由は自己保全のために限界をもっており、また限界を守ることを強要する。自由の真の発見、真の認識は、かかる自由の限界を発見するところにあり、自由の真の実現は、自由の限界を守るところにある。自由は自由自体を規制する。これが自治概念の出発点であり、終着点でもある。われわれは個人として、政府やその他外部から支配され、治められることを願わず、自分自らが治めなければならない。干渉をうけて動き、支配を受けて服従するならば、すでにそれは自治ではない。それは自由ではなく服従と隷属にすぎない。恣意と放縦も自由の敵であるが、服従と隷属もそれに劣らぬ自由の敵である。

自治は自律である。自己が自己を治めるということは、自己が自己を統制し、抑制し、すすんでは自己を犠牲にするという意である。

自治とは自由の限界を守り、自己の自由を実現するということに過ぎない。したがって自由は自治においてのみ実現される。自治能力のない個人、自治能力のない団体には真の自由はない。民族の自由はこうした個人の自由の集約に過ぎないといえる。

このような自治精神が政治形態として表現されたのが地方自治制である。しかし個人が自己を自治できないとすれば、地方の自治も不可能である。故に自治制度はまず個人の自治から出発する。地方自治制は中央集権制から、地方分権制に志向しようとの民主々義政治制度の一つであり、中央の集権的で画一的な行政権力を止揚し、地方の利益を図り、地方の繁栄を最大限に図るべく生まれた制度である。しかし問題はそうした制度自体の意義ではなく、そうした制度を巧く運営することのできる能力が問題である。われわれはまず個人として、自分が自分を治めることのできる能力を養ない、そこから一歩を進めて自分が住んでいる地方の自治能力も養なうべきである。地方自治制の健全な発展なくして、健全な自由民主々義の発展はあり得ないであろう。

(6) 奉仕意識の向上

自由は奉仕精神を要求する。自由の限界を知り、それを守ろうと努力すればするほど、自由は奉仕精神を要求する。むしろ自由は奉仕精神に根を下ろしているといっても過言ではない。とくに自由から民族意識を悟り、民族共同体を発見すればするほど、民族に対する奉仕意識が要求されるのである。

ところでわが民族ほど奉仕精神に不足している民族も少ないであろう。民族全体を考え、民族の共同運命を意識すれば、どうして私利と自派の利益のみに血眼になり得ようか。民族が共に豊かになってこそ自分も豊かになれるし、自分が豊かになってこそ民族も豊かになれるとの考えがあれば、民族全体の利益と自己利益との調和点でのみ利益を追求するようになるし、またそうした調和点での考えと判断から、ひいては民族のために奉仕し犠牲にもなり得るのである。われわれは自己を犠牲にし、民族のために闘って殉死したが、民族と共に永遠に生きている愛国志士たちのことを忘れてはならない。

そこで概観してわが民族に一大覚醒を促すべきは「奉仕精神の回復」であると考える。われわれは昔から余りにも奉仕精神が不足していた。自己の名誉だけを追求し、自己の利益のみに捉われるの余り、奉仕精神が芽生える精神的余地がなかったのである。奉仕精神が欠如すれば自然私利私慾を追求するようになり、私利私慾を追求すれば、自然謀略と中傷がはびこり、またそれが党争の種を蒔くようになるのである。民族に対する愛情があり、同胞愛があるならば自己を犠牲にして民族全体の利益に奉仕するはずである。公務員は公務員として、警察官は警察官としての奉仕精神をもつべきである。農民は農民なりに、労働者は労働者なりの奉仕精神を発揮すべきである。公務員は特に国民への奉仕者であるべきである。奉仕精神をもって使命感に燃えるとき、はじめて吏道が確立されるのである。

奉仕は自己犠牲を要求する。奉仕精神に燃えれば燃えるほど、それだけ自己犠牲は増大する。自己の私的利益を追求する慾にかられては、奉仕精神は発揮されない。自己利益と名誉も大事であろうが、奉仕精神はそれより先に民族全体の利益をより重要視し、民族全体の名誉がもっと重要であるとの信念においてのみ、自己を犠牲にすることができる。今日、わが民族は余りにも自己利益にのみ目がくらみ、あらゆる詐欺、欺瞞、不法、不正などの手段に魅惑されている。偽造商品、模造品などの生産や氾濫も、ひっきょう奉仕意識の欠如からきているといわねばならない。

奉仕精神は民族に対する愛の熱情なしには不可能である。民族に対する愛、民主主義への愛自由に対する愛がなくては、奉仕精神は発揮できない。奉仕精神のみが民族を救済することができ、自由と民主々義を実現することができ、民族の繁栄と幸福を達成することができるのである。

わが民族の過去を反省する

――李朝社会史の反省――

Ⅱ　わが民族の過去を反省する

――李朝社会の反省――

一　李朝建国理念の形成

李氏朝鮮時代を「五百年」といっている。六世紀近い間、韓半島の支配者であった世襲的李氏王権は、その間多様な変遷があったにも拘らず、その底を流れる一筋の特徴的傾向を見出すことができるし、李朝社会が後代に与えた影響力が多くの意味で極めて大きかったことを知るのである。特に四色党争（註＝老論、少論、南人、北人の四党派の争い）という、長期的な両班階級の紛争は、一つの悪習として固執化し、解放後の韓国政治史上に延長された感さえある。

われわれはこの際、李朝五百年を現在という時点に立って再び反省してみるべきであり、韓国史の底流をなしているその何かを捉え、今後の民族史の創造のための道しるべとしなければならない。

李朝史はまず前期と後期に二分して考察するのがよいであろう。李成桂が威化島回軍という、軍事クーデターを契機に国家体制を整備した前期と、大院君執政時、西欧、日本など近代列強が「隠者の国」韓半島にまで侵略の手を伸ばしはじめた時を起点として「李朝時代後期」

とするのが妥当と思う。また社会経済史的観点からみても、李朝前期は高麗時代の中世紀的封建性を、そのまま修正継承したのに過ぎず、根本的社会変革を試みたとはいえない。

軍事クーデターを通じて政権を掌握した李成桂は、一三九二年王代の高麗王朝を倒して朝鮮王朝を建設した。武人李成桂は高麗末の多難な時期に、北方の女真族の侵略を退け、海岸を侵していた倭寇を撃砕した名将であるばかりでなく、混濁していた高麗末期の民心と対外情勢の推移を洞察することのできる政治家でもあった。

李成桂一派は政権を掌握するや先ず民心収拾に力を注ぎ、農村社会の基本となる土地改革(田制改革)を断行して、公私の土地文書を没収して焼き捨て、官吏と農民に土地の再分配を約束した。そして貪官汚吏の横暴をなくすべく、太宗時代には「申聞鼓」を置き、中央には活人院と帰厚署を置き、地方には「問民疾苦使」というのを派遣して、貧民の病を治し、死者を葬ってやったといわれる。

こうした李朝初期の民心収拾策と併行して、高麗王朝に寄生していた旧勢力を除去するため、田制改革をはじめとする李氏朝鮮王朝の土台を築いていったわけであるが、その柱となる幾つかの点をあげるとつぎの通りである。

一、田制改革
二、対明外交と事大主義
三、儒教的支配原理の確立、排仏教策

四、官制整備——官人支配の成長

五、封建的身分制度

以上五つの施策は、主として李朝建国の社会経済的土台となり、その中でも田制改革は、威化島クーデター直後から四年間も、保守派と趙浚ら改革派との間に熾烈な論争を展開したが、一三九〇年改革派が勝利して、つぎの年には新たな田制である「科田法」が公布された。これは田制改革による秩序回復が目的であって、儒教の復古主義的な周の井田法、唐の均田法のような土地の均等分配という、改革派たちの当初の理想にはいたらなかったのである。しかし土地所有制が根本的に変わったものではないにしても、土地所有層が変わったということは、高麗末の衰えた支配勢力が没落し、新興指導勢力の台頭を促がす経済的基盤をつくったという点で、大きな意義があったといえる。また麗末の私有化による土地制度の混乱を是正するため、李朝初期の田制改革が土地国有制を原則とした点は、中央集権的封建制を強化したということができ新しく実施された科田制は高麗時代の「田柴科」とは異なり、受田者が租税を負担する点で一歩先んじたもので、地主的性格が強化はされたが、田地は主として官吏、功臣、王祀、官衙といった官人たちに土地を再分配した点で、李朝の官人支配を強化するようにした。

こうして土地所有者となった官人は、耕作者である農民から租税と賦役を徴収でき、世襲的に官僚となる資格層として認定され、土地耕作や生産活動には指一本ふれなかった。それは儒教的支配倫理と結びつき、生産勤労は蔑視しながら官人としての身分的地位を誇示して享楽したのであった。

李朝の官人体制は仏教国家、高麗朝とは違い、儒教的教養を基礎とする知識人をもって構成されたのであった。新王都を開京からソウルに移した李太祖は、強大国である明国への事大主義外交政策を決定し、明国皇帝から「朝鮮王」の封冊を受けることが国王としての権威が保障されると考えたのであった。同時に儒教を李朝の国家理念として採択し、排仏策をとるにいったのである。かくして儒教の国教化は事大主義対明外交と緊密な外交関係をもって、李朝建国理念を形成したのであった。とくに封建的身分制は儒教国家的、官僚機構の完備とともに、儒教的封建主義という理念の所産であったといえる。

だからといって李成桂が威化島回軍を起すとき、新たな民族国家建設のためのはっきりした「ビジョン」をもったわけでもなく、統一新羅が対唐事大主義を招いて以来の、高麗朝の儒教輸入と事大主義に対する不満から、民族的自主精神をもったものでもなかった。釈王寺伝説（註＝李成桂の幼時、無学という僧がその夢を解釈して、将来王になると予言し、王となった成桂が、その礼に寺を建ててやったのが釈王寺であるという伝説。）を信ずるわけにいかないが、その伝説が暗示してくれるように、李成桂が王権を争奪しようとの執権意慾のほか、別にこれといった支配原理や建国理念をもっていたのではなく、高麗朝の旧勢力を一掃するためには、やむを得ず不平不満の新興勢力と手を握り、執権の座についたのであった。そうして奪取した王権を国際的に保障してもらうべく、当時中国を支配していた強大な統一国家、明に対して国家間の形式的な主従関係を結び、朝鮮が中国に隷属した王侯国としての封冊を受け、中国の年号を使用し「明国は朝鮮に対し三年一度の朝貢を命じたが、朝鮮はかえって一年三度の朝貢を自請し、それ以上を実行した」有様であった。

李朝五百年の伝統的対外政策は「事大と交隣」に要約できる。事大というのは強大国に媚ることであり、交隣とは隣の国と交通するということである。李太祖は即位する前から親明策を標榜し、即位後は王位の承認、国号の選定を明帝に乞い、国号を「朝鮮」とすることの承認を受け、朝鮮国王の金印誥命を求めて以来、事大政策は李朝全時代を通じて明と清に対し一貫したものであった。こうした封建的な主従的性格をもつ外交関係は、やはり貢物を献げ回賜物を受ける、そうした通交関係を形成し、朝貢使など各種外交官の出入は、朱子学と中国文物を輸入するのに拍車をかけ、儒学者間には事大思想が一段と濃化していったのである。

李朝以前のわが民族は必ずしも事大にのみ傾いたのではなかった。高句麗は北へ満州にまで広い彊土をもった強大国であったし、中原の史家たちが「好戦的」と評するまでに、彼らは進取的であり勇猛であった。しかし高麗朝の妙清の乱を契機として、いわゆる「称帝北伐論」を掲げ、民族自主性を対外に闡明しようとの尹彦頤一派の主張が敗れ、偏狭な事大主義者金富軾は「西京戦役」で妙清を破り、この勝戦の機会に「三国史記」を綴ったのである。金富軾の事大主義的国史観は「①韓国の彊土をぐっと縮めて大同江あるいは漢江の線に国境を定め②韓国の制度、文物、風俗、習慣等を儒教化して三綱五倫の教育でも実施し③そのあと政治といえばただ外国に使いして卑劣な外交辞令でも述べられる人間を養成し、東方君子国の称号など維持しようとした」という丹斉の批判のように、民族自主的で伝統的な香気ある史料は、すべて焚滅させたのであるから、「三国史記」がまさにその張本であるといえる。金富軾はわれわれの貴重な古史のうち、仙史と花郎世紀などをすべて抹殺し、反事大的な民族固有の国学風を伝播できないようにして、ついに「三国史記が唯一の古史」となってしまった。この史実を重視した民族史観の権威者、丹斉、申采浩先生は「朝鮮歴史上一千年来の第一大事件」といって、花郎道的民族魂の湮滅したことを慨嘆したのである。

このように高麗代にすでに史風が事大に染まり、民族正義が揺ぐにつれ「皇都」「皇宮」などの名詞まで廃され、八関会に書く楽府詩歌にまで「天子」とか「一人」とかいう文句が、事大外交上有害であると直されたのであるから、「三国史記」のような事大偽史以外の史書は、すべて秘蔵するよりほかなかったのである。

李氏王朝にいたっても、当時の尊王思潮下で内外政策に「自主」をもとうとしても「称帝」(帝王を称する)するとか、封建的主従外交を否認すれば、対外情勢が不利になるというので継続して三国史記以外の国学風の古史は再び秘蔵するようになった。そして鄭道伝が高麗史を編纂するとき、三国史記の編法をそのまま伝承したのである。

このように民族指導理念を形成する上に極めて重要な、古代史籍や記録が湮滅、消失し、実質的にはある程度自立性を堅持したといっても、形式上史記には常に従属王国的な観念を残存させ、後代の民族文化と自立精神形成に大きな影響を及ぼし、日帝侵略時、日人史家たちがこうした事大主義的史風を逆利用して、植民地支配を合理化するまでにいたったのである。

われわれが李朝史を反省するとき、歴代の王たちが帝王称号を択り得ず、王国主義に一貫したことのみを難じようとするものではないが、李朝が王国主義を形式的ではあるがとった結果は、一つの主権をもった独立国家の矜持を損いはしなかったかという点と、併せて事大慕華思想の源泉となる儒教思想が、李朝に受入れられる過程で民族的主体性の姿勢をどれだけ強く堅持したかという点である。李太祖は元来崇仏的な人物であったが、彼が打倒した高麗が末期において、仏教寺院の私田化傾向により、国庫が疲弊し民生が塗炭の苦に陥ったので、こうした麗末の「仏弊」の顕著な事実から「前王朝の弊風」を一掃しようとの革新的風潮が、結局は新たな儒教文化の採用を強く推進せしめたとみることができる。李太祖の新王朝創業に主動的役割を演じた人物が、趙浚、鄭道伝といった儒学者であり、したがって排仏策を極端的に主張して、儒教をもって文教の統一を期そうとしたので、仏教寺院の私有地を没収して、国庫に充当することを主張したであろうことは、十分に想像されるのである。しかしこの二人は儒教の国教化を早急に熱望するの余り、主体的反省を経て外来思潮を消化するだけの、民族史的展望をもち得なかつたのである。

対外政策面で事大主義に傾倒した李朝社会が、儒教という強大国の支配原理を受入れるにおいて、無批判的な「直輸入」を行なった形跡を多くみることができるし、政治思想として儒教を受入れるにおいても、その形式主義的な面を多く取入れ、厳格な社会身分制度を強化し、平民（常民）、賤民（七般、公賤、八般、私賤）に対する官人層の支配を強めるに役立てたという感が深いのである。

かくして儒教が李朝官人政治の支配原理となり、田制改革の経済的土台の上に集権制的構造を強めたほか、官人支配のための社会的威信をたてるために、差別倫理や形式的で煩わしい礼節儀式のごとき虚礼（冠婚葬祭）を遵守させたのである。

こうした儀礼の形式化が甚しくなったのはもちろん後期のことであるが、儒教的建国理念は他の思想や学問の自由を許さぬ排他的性格を強くもち、「斯文乱賊」で儒学以外の学問、思想を禁じた結果、一種の盲従的な模倣文化を形成したので、民族固有の独創力の芽は摘みとられざるを得なかった。儒教は孔子がその教説を提唱して以来、「子曰」は孔子の言葉ですなわち真理なりと考え、絶対王権と封建的家族制度が、永続的であることを合理化するため、新しい学説の提唱や批判の余地を許さぬ、極度の排他的性格をもっていた。また儒教的封建支配原理は、主従性を通じて尊王思想を強調したので、文化創造や経済活動面においても、民間活動を抑制する結果を招来したし、君主制的性格が固執化して、結局は「ハングル」（諺文）のような文字改革はあったにしても、その研究はやはり王権の後押しなしでは不可能であったのである。このような強力な中央集権的体制は、民衆の経済的貧困と精神的無知を促がし、愚民政治に一貫するよりほかなかったのである。であるから土地国有制下の半農奴的地位に呻吟する民衆には「健全な所有権の観念」も「権利意識」も、自ら芽生えるはずもなく、盲従と無常感に陥らざるを得なかった。要するに東洋的専制社会全般に対して通用することは、「社会よりも強力な国家」の下では西欧民主々義のような異質的政治体制を受入れるだけの、民衆の生長を期待できる道理がなかったといえる。したがって民衆は無知で無権利であり、虚しく日を送る「無表情な盲従的人間」にすぎなかった。これがつまりアジア的沈滞性の原因となり、貧困と圧迫を甘受して「自足」する奴隷的性格をもたらしたものといえよう。

李朝社会は前代に比し、地方土豪たちの官人進出の機会を保障したという点を除いては、やはり地主的性格をもつ王族、外戚、士林らの世襲的官人階級を支配勢力とする中央集権的官僚社会であった。この官僚支配社会は儒林、士林のごとき文官中心の封建的社会であり、猟官のみが至上目標であったので、儒学のような学問の研究は、登用のための一時的手段にすぎず、学風は科挙（高文試験に類似）のための予備学習的なものに堕落し、真理の探究は出世への道具と化してしまった。いいかえれば李朝社会では、青年たちは出世のための資格とりに血眼となり、科挙に合格さえすれば官位と土地が約束されているので、金力と権力にのみ魅力をもつようになった。権力が正義に先立つという権力万能主義が、ついには官人層の腐敗不正を招き「取民有度」の言葉が生れるほどに、農民を収奪する一方、沈滞した李朝社会内には、儒林、士林の官人階級の間に反目と紛争を招来したのである。万一、李朝社会の支配層や知識人層が海外発展とか、北方征伐などのような外的なエネルギーの出口を発見し、閉された沈滞性を克服することができたならば、「士禍」のような王権争奪戦で腐敗はしなかったであろう。

さきに述べたように、李氏王朝の創建者、李成桂やその一派は、腐敗した高麗社会とは構造的に違う、別の政策を断行するだけの、新しい理念も勇気もなかった。当時の極東情勢下における強国、明に「朝鮮王国」の地位を保障される必要性にかられ、事大主義に傾いたのであるから、自然、事大主義的な指導理念で儒教を国教化し、高麗朝の支配構造であった封建的身分制と官人体制は、そのまま内容を変えて残存させたのであるから、李朝の建国理念は前時代より革新的で、民族自主的な方向に設定されなかったまま、李朝後期の近代化前夜に迫った封建社会解体期――三政の紊乱による哲宗の民乱の時代と、その集約的表現としての東学農民革命――を迎えたのであった。

結局李成桂のクーデターは易性革命にすぎず、ただ「王氏」支配体制を「李氏」世襲王政に変えただけであり、中世高麗社会と本質的に改革された面はほとんどないといわねばならない。むしろ李朝建国理念が儒教的、封建的専制主義であり、事大主義的慕華思想に儒林、士林らが朱子学など、文弱な非実用的詞章学にのみ走り、形式的儀礼（虚礼）のみに関心した結果、後代子孫のための精神的遺産も、民族的自主理念も遺すことができず、日帝植民地終末による解放韓国社会には、民族の将来を指導すべき、精神的支配のないニヒリズム状態を現出したといえるのである。

二　李朝の社会構造がもつ病理

李朝建国がはっきりした理念と改革意思もなかったために、一時的な民心収拾のための弥縫策に終り、その「無思想」的な主体意識の欠如は、結局復古、事大主義に流れ、李朝社会の構造と性格面にも、そのまま前代の骨品制、両班制の延長として反映されざるを得なかったのである。威化島回軍が「革命」となり得ず、ただ政権交替のためのクーデターに終ったということは、その後の社会構造面に根本的改革をなし得なかった点からも立証できるのである。

抑仏興儒政策（仏教を抑え儒教を興す）を堅持した李朝が、その建国理念を儒教によって定めた以上、社会構造の原理もまた儒教的主従倫理の上に立つことになり、高麗の王権専制と官人的支配を、構造側面ではそのまま踏襲したに過ぎないといえる。若干変化したことを認めるならば、高麗の官人は仏教出身であり、李朝の官人は儒林、士林など儒教的知識人出身である点である。

国家の指導原理を事大的儒教の国教化に固定させた太祖李成桂は、鄭道伝ら新興儒林と共に、儒教振興を新たな政策スローガンに掲げ、首都には成均館、国部学堂をつくり、地方には府、牧、郡、県などに各々郷校を建て、儒教を国民教育と官僚登用の必須課目として教えた。後期に至っては李朝田制改革の原因となった、仏教書院の私田化傾向が、そのまま儒林書院などの田荘私有化に代替され、官人らの不正、腐敗がそのまま踏襲されたものをみることができる。李朝社会の儒林、士林らは支配層を構成し、官吏となり得る身分的資格をもつ特権層であるばかりでなく、田畑を耕作する農民を搾取する不労寄食の地主的性格をもっていた。

李朝社会をその成分上から二大別すれば、生産に従事する農民（佃客）、その他の労働に従事する公私賤民と、そして全然鍬に手をつけず不労所得の、いわゆる、「両班」層に分けることができる。李朝は強力な集権的官僚社会であるので、社会的身分もまた先祖や、自身が官界に身を投じた経歴があるなしで大きく左右され、そうして獲得された身分は世襲的特権となったのである。孟子は「労心者治人、労力者被治人」といったように、労心者、すなわち精神労働者は統治階級として、その階層秩序と身分的地位を合理化させたのであった。

儒教思想が社会面で実施されるときは、概ね身分的差別倫理と、君臣間または民臣間の上下主従関係を合理化させる、支配道具化されてきたのがアジア的専制社会の一つの特色であるといえる。

過去アジア社会では儒教教育を受けた儒者は、統治者である王と民衆との中間に位置した、いわば王権の手先のようなものであった。そうして儒教が政治に利用され「君君臣臣、父父子子」（論語）や「三綱五倫」の如き教説は、主として封建的身分制を代弁し、横的な個人の人格の平等を原理とする民主々義とは、正反対の縦的な上下主従関係の上で、民衆の盲目的従順のみを教え、健全な自由意識が生長する余裕を与えなかった。

概ねこうした儒教的倫理を支える社会的支柱にはつぎの三つがある。すなわち家族ならびに宗家（祭祀、親睦、自衛を図る同族団体）を含む血縁団体と、君主と士林ならびに農荘所有者官人たちの身分団体である。これら門閥、地閥、学閥などに因り封建的隷属性をもつ団体が、東洋の農村社会の指導勢力を形成してきたが、この勢力は主として尊王思想をもち、絶対的王権専制と封建的家族制を支えてきたものである。

ゆえに李朝王権は儒教という、家族倫理的性格をおびる思想を、支配原理とする専制主義であった。これは「伝統的支配」だといえるし、また「家父長的支配」ともいうことができる。さらにこれは『権威服従的態度に不可欠な能力を、大きく人間の性格に附与するのは、極めて重要な教育の力としての家族である』とする、家族共同体的性格とも同じものであるとみる。

以上説明したように、李朝の官人体制もまた王族、外戚、族党のような家族共同体の性格をもつ寄生的な官人体制である。これは結局、李朝上部社会が排他的閉鎖性という病理をもつ証拠になるもので、一般民衆の身分的、人間的な抑圧が骨身にしみるほど如何に強烈なものであったかが分るのである。

李朝の社会階級はそのピラミッド型の頂上に王があり、そして王族、新興官僚、貴族群といった、支配的な身分の両班（やんばん）階級があった。この両班が以上の特権的支配階級であり、被支配層には常人（平民）と賤人（奴婢）があった。この上下階級の中間に「中人」があったが、その階級は主として中央官庁の諸般事務——訳官（通訳官）、観象監員、図書署員、写字官、計士（会計官）、検律（司法官）など、技術的事務員として任官したものたちである。これに地方行政官吏として直接面、洞に「胥吏」（一名アジョン）があり、この胥吏たちは世襲的で「アジョン旦那」の権威を現わす「アジョン笠」をかぶり、地方土豪たちと結託して農民たちを収奪したものである。つぎに軍校という階級は下級将校に該当する。つまり広い意味では両班階級である高級官僚のほかに、中人、胥吏、軍校までも支配階級に含まれるといえる。「官人」という概念は胥吏までの中央、地方官吏を総称する名詞で、すべて一定の土地を給与され、農民から租税を受ける特権的地主であると共に、その身分的地位と官職が分離されず、併せて世襲的に保障される階層である。身分というのは「血縁、職業、居住地または土地所有関係等によって区別され、継続的に特定な社会的地位を保有する同権的な集団」といえるであろう。したがって各時代ごとに身分的支配階層が成立するようになっており、遠く新羅時代には骨品制、つぎの高麗時代には新羅旧貴族と地方郷豪など、広汎な支配層に構成された官人体制が成立したが、李朝に至っては前代高麗朝の身分階層が大きく揺れ混乱に陥った。そして高麗末郷吏の後孫たちが勢力を握り、李朝を建設したので、この新興両班層は新たに身分制を整備、拡充しなければならなかった。それがすなわち「良賤弁正」である。

良賤弁正というのは、良人（平民）と賤人を再び選別し、国家財源となるすべての貢賦と、兵役など力役の担当者である良人の数を確定すると共に、直接労役に従事する奴婢（賤民）数を確保するため、人力監査を実行したのがそれである。

また奴婢の身分に対しても整備が必要であった。しかし奴婢身分に対する唯一の確証は、奴婢所有主の奴婢籍に記録されたもの以外にはないので、整理上「身良役賤」の緩和策をとるに至った。

身良役賤というのは賤役に従事するものでも、奴婢籍にのっていないものは法的に良人として認めてやる制度である。これは国家が私賤の数を計算して租税と力役の源泉を確保せんとするにあった。しかし身良役賤も大規模な奴婢解決を期することができず、身分制の改革を達することもできなかった。こうした部分的再編成に終った李朝社会の階層制は、世襲的、特権的な新羅骨品制の伝統的社会構造を、根本的に改革できないまま李朝後期社会の解体期を迎えたのであった。

一旦成立した李朝社会の身分制的特権は、自身たちの地位を継続確保するため「血縁の障壁」を築かねばならなかった。民衆（常人、賤民など）が支配階級に入ってくるのを防ぐ法律的制約に、庶孼禁錮法を設け、両班の蓄妾は認めながらも①庶孼（妾の子）は両班身分として待遇せず、主として技術的新職に従事させた。また良妾子孫と賤妾子孫を分けて地位を与える「即品叙用」を行い、さらに②奴婢従母法を施行して、父母のうち一人でも奴婢出身であれば、その子は奴婢となるようにした。

かくして李朝社会階層は両班、中人、常人（平民）、賤人（奴婢）の四階級に区分され、この四階級はその身分に代わる職分を各々別にし、上流階級は下流階級に対し無条件的な服従を強要し、下流階級は権利を主張するなど思いもよらず、ただ義務のみを果せばよいとの消極的追従観念が形成された。しかしこの義務観念は自律的なものでなく、命令服従関係下に盲従するものであったから、民衆の中には悪性的な「官尊民卑思想」のみが根を張り、官職さえ得ればよいとの考えから、いわゆる「猟官運動」にのみ没頭する社会雰囲気をつくった。

これと共に技術職を蔑視する風潮が高まり、各種中央官署の技術に従事する者は、両班以下の「中人」にしかなれず、地方官吏である「アジョン」（衙前）は、強力な中央集権下で両班の手先にしかすぎなかったので、若干の権力をもつ彼らはそれを悪用して民衆を苦しめる反面一般大衆からは軽蔑もされたのである。これは近代民主々義の基本となる地方自治の成長を妨害し、無条件「ナーリ」（旦那さまの意）を連発する当為感を助成した。そしてまた中人の事務技術職と、労役雑職に従事する賤人たちが、主に手工業に従事したので、「かさ屋」「左官屋」「〇〇屋」といった賤しい称号で呼び、商工業と科学技術を賤視する風潮であったことが近代におけるわが国の近代化の癌となったのである。とくに「白丁」のような屠殺業に従事するものは、最低の賤民として軽蔑し、その頭には平壌笠をかぶらせて識別するほど苛酷であったし、鍮器、杞柳製品、製革などを生業とする手工業者も、一般国民とは交わることができなかった。

このような常人、賤民に対する差別待遇は民衆をして、国政に参与する機会を全然与えなかったばかりでなく、国政と彼らとは全く無関係だという、東洋社会的な「政治的無感覚」を形成し、愛国心、民族愛といった民族意識の生長を阻害し、世襲的専制を甘受する中で、民衆の自由、平等意識の芽生えを摘取り、併せて大多数の民衆は消極的な諦念の中で無常感にとらわれ、民衆自らが貧困を打破し、再建のための生産意欲をもつ心の余裕と創造力を育てることができなかったのである。

李朝社会では社会的連帯性や民族共同意識を形成させるだけの要因をもっていなかったし、すべての価値判断の中心が、「官職」――すなわち官権であり、官権のないところには人生の意義を失い、哀傷的悲観しかないという状態であった。

したがって李朝の民衆は無気力で創発力がなく、それらの実例を国文学史の中から幾らでもさがすことができるのである。

時化《しけ》に驚いた船頭
船売って馬を買ったが
九折羊腸《つづらおり》が水路より難しい
あすからは船も馬も売り
田畑でも耕そう
（作者未詳）（意訳）

この時調（詩の一種）は一人の農夫が他の職業につこうとしたが、船も馬も思うようにいかず、やむを得ず元の職に戻るという諦めと、哀調のまじった歌である。この歌は李朝の民衆たちが如何に消極的であり、生への意欲が弱く、開拓的勇気が欠如していたかをもの語っている。

つぎにわが国古典の代表作ともいうべき「春香伝」は、妓生（芸妓）の娘という賤しい身分からくる悲哀を筋として、貞節という封建道徳を最後まで守った烈女像をみせてくれる。しかし青年李道令は両班の息子として、その身分と官職のために愛をも捨てる卑怯な一面をみせ、暗行御使という官権を動員した点では、未だ平民の抵抗意識が芽生えぬ李朝社会史の病理をいみじくも露呈させている。

しかし賤しい妓生の娘であっても春香は、卞学道の意に従えとの要求に対し「礼節は両班の家門にだけあって、妓女の賤家にはあり得ないのか」と反問したのをみても、彼女には貞節よりも人格、人間的平等を要求する個性の自覚を窺わせるものがある。

李朝の平民文学は壬辰、丙子の両乱という社会的変動期を契機として、胥吏、中人、庶流らが社会階級として存立するに至った粛宗朝から、李朝末までの約二世紀半に亘って発達した。とくに李朝末、胥吏、時調作家たちの作品には、諧謔、好色、艶情、別恨などの享楽的、遊戯的文学と、郷吏たちの作品の中には遊興気質が入り込んだデカタンスが看取されるのである。

こうした身分的障壁と両班たちの農民収奪は、民衆らの虚無感を形成し「花の命は短い、いま遊ばずにいられようか！」といった刹那主義的利己心と放蕩生活をつづけさせていった。働かず「手の白い」両班と、中人、胥吏たちの享楽主義は、李朝社会の指導勢力として、その社会が崩壊するまで膿みただれていった。

十八世紀前半から後期に入った李朝社会は、田制が混乱し、儒林たちの数的増加から、彼らに与える官職の不足を招来した。自給自足経済の枠内では自然国家財政の窮迫を招き、それがまた両班階層内の権力争奪戦である党争を誘発することになった。非生産的な士分階級から物乞いするものが出る反面、官庁、官衙、富豪らの大土地占有傾向が増えるに従って、李朝社会の構造である身分体制は、漸く解体期を迎えるに至ったのである。

かくして両班たちの経済的基盤が揺らぐ一方、西欧近代列強が侵入し、天主教など博愛思想が流入することによって、常人階級が若干近代的自覚に目醒める傾向とともに、手工業者、商人たちが官権と結んで、官僚的性格を帯びる民族資本形成の芽生えをみせるに至った。

しかし李朝後期に入って近代化の立役者となるべき商工業者、第三階級的な平民層は①伝統的、身分的当為感に執着し、②官僚制の強い残滓のため民間商工業に対する意欲が少なく、③中産階級へと常民、賤民を育成するような国内産業、科学技術、経営などが未熟ないし皆無であったし、④加えて胎動しつつあった官僚的資本も、強力な外国植民地経済の侵略の前に水泡の如く消えさり、結局、健全な台頭、成長をみることができなかったのである。こうした李朝社会の伝統的観念が、解放後までも産業発展、民間の民権運動を育てず、四色党争の残滓である権力争奪戦のみ繰返した。わが社会の伝統的悪遺産は、要するに強力な官人支配による民衆の成長不振、それであるといえる。

三　李朝の専制的土地制と「両班」経済

李朝の社会構造でみたように、農業生産に従事する常人、賤民といった民衆は、いうところの「アジア的生産」の犠牲者として、貧困と無権利を甘受してきた。李朝社会を支える主軸的産業に従事した農民が、新羅以来の地主的性格をもつ官人支配下で呻吟したというのは、李成桂の建国事業の第一課である「田制改革」も、結局彼らの地位や所得面を何ら改善し得なかったということである。

李朝は勿論、韓国史全般を支配してきた社会経済史の中心概念は「土地所有制度の変遷」であると考えられる。各時代毎にその王朝の経済的土台を築くためには、土地所有主を国家、あるいは新支配勢力に隷属させたのであり、これを称して李朝のそれは「田制改革」といった。

李朝社会もアジア的共同体概念の例外であり得ないとするならば、農地との所有関係からその時代の経済社会的構造を理解するよりほかないのである。これは東洋社会が概ね農耕社会であるためであることを忘れてはならない。

著名な東洋社会研究書である「Oriental Despotism」（東洋的専制）の著者、カール・A・ウィットフォーゲル教授は、主として中国社会の歴史的研究を通じ、その「治水による水力社会」という特長を捉え、新たな東洋史観を提示した点は、わが李朝の専制社会経済的性格を理解するに助けとなるであろう。「中国社会はほとんど不毛状態にあった黄河流域から始まった。

かかる環境の中で農業を営む人達が（灌漑と水害防止を目的に）水を生産用にも利用し……大規模の水利工事を基礎とする農業を「治水農業」……このような農業を運営する政府を「治水政府」といい、かかる大規模の水利は巨大な国家権力下で指導運営され、治水社会は中央集権的専制を強化するようになった」と観る。しかし李朝社会が直ちに「治水社会」だとはみられず、したがって治水によって東洋的専制体制を強化した跡もみられない。しかし儒教中心の中国文物の伝来と、その影響を大きく受けた李朝社会が、中国の専制をそのまま受け入れたと観ることは十分にできる点から、われわれは李朝経済が「水力経済」ではあっても「管理者的なまことに政治的な経済」の一面を認めるに吝かではない。

これほどわが社会は歴史的に中国古代社会と、多くの共通点がありながらも相違点のあることを認めざるを得ない。したがってわが社会は「水の社会」ではなく、「土の社会」であり、限定された土地の所有権を繞る、政治的関係にもつれた社会であるという点で、ウィットフォーゲルのいう「管理者的なまことに政治的な経済」だといえよう。しからば李朝の管理者的、政治的、経済支配の主体は誰か？、それは地主的性格をもつ官人階級である。この官人たちは最高統治者である国王から、土地租税権を賦与されることによって服従関係に入り、さらに官人らは耕作者に対し「土地が国有制」という点で、田租を強要できる法制的根拠を持つことにより、李朝の田制改革は、田地を「集権的公有化」するところ、すなわち「土地国有化」となって現われたものとみることができる。この点がまさに西洋的封建社会と異なる点である。西洋封建制は一種の契約関係の上にあったが、中国のそれは「周の諸州統治者たちは、自己を敬うものたちは無条件の服従状態におき、彼らに配当された土地は官吏に給料として与えられる〝非封建的領地〟であった」ことを発見する。そして「水力的財産は弱き財産」といったが、李朝の土地所有制もまた「弱き財産」として、政治権力である王権や、覇道政治の影響によって常に左右されたのであった。

これまで李朝の田制改革の性格を理解することのできる、序説的論究を行ってきたが、ここで田制改革の内容を辿ってみることにしよう。

当初、新興勢力である趙浚一派の田制改革案は、周の井田法、唐の均田法を復古して、さらにそれを拡充し、上は王、士大夫（両班）から、下は郷吏、兵卒（軍校）、農民（常人）、奴婢に至るまで、国家の職務と役務を担当する者には、その各種地位に相応した一定の土地を与える、前代よりは広汎で革新的な土地分配案であったが、四年間の論争の末決着したのは結局、高麗末の「科田制」をそのまま踏襲したものにすぎなかった。

しかし李朝田制改革の原理は、麗末の土地私有化を廃止して、土地国有制を宣布したことであり、恭譲王二年（一三九〇年）にはついに公私田籍をすべて焼却し、これを惜しんで涙を流したという。これだけでも李朝官人らの土地と、地主的地位に対する愛着がどれほど強かったかが分るのである。

「科田制」は全国の土地を国家公有の原則から公田と私田に区別し、公田は官庁直属の土地として、その収租権が国に属するものであり、私田は個人（官人）に与えた田地、すなわち功臣田、私田、軍人田などで、その収租権が個人に属するものであるが、その私田の中でも功臣田のほかは、すべて国に納税する義務があった。これは高麗初期の田柴科とは別に、土地収租権が在職期間に限らず世襲化した点で、地主的性格を強化したものであり、併せて李朝後期の私田化を招く要因ともなって、大部分の土地は権勢家一門の農荘と化するに至った。

李朝の科田制は麗初の田柴科とは異なるといっても、田主が納める「税」を添加しただけで大きな改革とはいえなかった。

「未展開の名目的土地、国有制から官僚的・集権的土地国有制への転化、国有制から大土地私田制への分解、またその逆転化は、李朝においての独自的な政治的風雲の物質的背景であり国家興亡の内面的秘密となっていた」といえる程度に、李朝の田制改革は構造的改革ができずに終ったのである。

しかし李朝の田制が前代のそれと違う幾つかの点としては、①国家公有制の原則によって、田主の「税」制新設と田地所有権の自由移転を禁じた、②量田（土地調査）を行って土地台帳を整理（世宗代）、③田荘を耕作する賤民の中には、実質的には奴隷ではなく自作農もあった④田荘所有者の中にも不在地主だけでなく、農荘に書院を建てそこから在田地主が多く現われたなどが挙げられる。

しかし李朝田制は漸次紊乱し、中宗、明宗代に至っては、給与する土地がなくて私田の廃止

（世宗代）のみならず、現職者だけに制限されていた職田までも廃止した。そして私田の収益が減り、その量的拡大を期待できず失望した官人たちは、ついに田租を横領する一方公田の私有化を狙うに至り、民田の発生をもたらした。

燕山君時代には奢侈放蕩の生活にふけった暴君政治によって、民生は塗炭の苦に陥り、士禍（儒学者たちの派閥争いによる禍）、党争にのみ明けくれ腐敗した官人たちは、私慾に目がくらみ土地の兼併、公田の私田化が益々激化していった。

かくして農村社会は極度に疲弊し、そこに経済外的収奪がさらに苛酷となった。農民の負担は租税（地代）のほかにも、身役（兵役、賦役）あるいはその代役税（布地などで）、選上（奴婢提供）などがあり、この中でも特に重いのは地方民の諸般貢納（地方産物の献納）であった。また「防納」といって地方民の産物貢納が距離が遠いとか、兇年などで貢納が不可能な場合、官公吏が代りに納めてやって莫大な中間収奪を行う弊害があった。「取民有度」の言葉があるほど経済外的圧迫は激化し、農村は「草樹成林」の荒蕪地と化して、餓死するか離農するものが続出した。こうして明宗十七年には林巨正という義賊が現われるほど、農民の窮乏は極度に達した。

当時の農民たちの状態をみると、一例に睿宗元年（一四六九年）工曹判書（官名の一つ）梁誠之は「職田を耕作する農民は、夏には青草を献じ、冬には穀草を献ずるが、官家に献ずるだけでなく、職田主にも献じなければならない。一束の草価は米一斗に換算して徴集するので、草価米は六税米と同等とみなす」といっており、農民は天を仰げば天税、地をみれば地税といった式に、あらゆる名目で収奪され、常食には榊の木の根っこをもってする有様であった。

このほか李朝農民には「高利債」が大きな癌であった。両班らの官人支配層は地租に満足せず、高利債により経済的弱者である農民から金利収得を図った。国家機関である「内需司」（国王に直属し内需の米布、雑物、奴婢などを司る官庁）は、その財産を資本として高利債貸付けを行った。また支配層の封建官僚たちも高利貸付けを行い、中でも貨殖宰相（財務相）尹弼商は有名な高利貸金業者であり、そのほかにも「公債」が高利貸金化した。

李朝後期に盛んであった高利貸資本は、農民（小農）に対する寄生的作用をし、「農民はその重要な財産を放棄しなければならなかった。もちろん喪失の原因は高利債であるが……小農民をしてその耕地を売却するよう誘惑した頻繁な原因は、常に高利貸による隷属であった」といえる。

結局、李朝の田制改革は後期に至って、悲惨な農民の貧困となって現われ、十九世紀に入った李朝は三政（田政、軍政、還穀）の紊乱をもたらし、国庫は枯れ、民衆は塗炭に陥入り、哲宗朝のいわゆる「民乱の時代」を現出して、ここに李朝王権の黄昏を告げるに至った。

反省すれば、李朝経済は余りに多くの悪遺産を残した。まず官権を支えとする特権経済意識が扶植され、経済と政治が分離されなかったために、政治人は政権の「余剰価値」を得ようとし、経済人は自立して民間活動をしようとせず、官権と結託しようとの悪習が生まれた。そのほか李朝社会が崩壊した原因として考えられるのは、①農民の租税と力役にのみ依存する封建的・自給自足経済は、近代化の過渡期に入った李朝社会の人口増加の圧力などで、深刻な赤字財政を免れる道がなく、専制王権の解体期に直面しては租税徴収も不可能であった。②この社会的貧困の中で李朝王権の現状維持を図るには、腐敗した官人層の不正蓄財を粛政すべきであったが、これには手をつけず弱者である多数農民の膏血を搾るだけであった③党争、外侵などが頻繁となり、海外貿易や手工業、その他の産業を振興させるだけの国家的配慮をする、余裕も意思もなかったために、「傷ついた国」の中で窒息する時を待つよりほかなかった④伝統社会から飛躍し近代化することのできる、強力な民族主義や情熱の成熟、新指導勢力の成長もなく、ついに日帝の植民地となった、などの点で、われわれはこの点を深く反省してみる必要があろう。

このような李朝的伝統社会の専制的特権意識と消費生活は、近代化しながらも生産力は原始農業そのままの、微弱な状態の畸型的構造のままで植民地経済支配を経て今日まで伝わり、特に貧困が固執化した農村社会は、高利債などの李朝的悪遺産と、封建的要因がそのまま残っている有様である。だからといって今日まで、こうした前近代的経済構造を改革するだけの新しい指導勢力が台頭することも、育成されることもなく、解放後の「外援」が果して伝統的農村社会の改革と再建に、どれだけの影響力をもったかも大きな疑問といわなければならない。

四　李朝党争史の反民主的弊習

李朝社会が後代に及ぼした弊習の中で、最も大きなものは「士禍と党争」に要約できるが、これは官人支配層内の無慈悲な権力争奪のための「内紛」であった。この争いは公開的なフアイン・プレーでなく、謀略、陰謀、テロといった陰性的残酷性をもつ派閥争いで、反対党や政敵に対しては血も涙もない「寛容性の欠如」を示したことによって、民族の分裂を助長し、平和的な統治勢力交替の可能性を除去してしまったことは、後世、西欧民主政治輸入に際し、少なからぬ弊害となったのである。いいかえるならば多数決と妥協を方法とする、相対主義的な「討論の場」が成立する余地を与えぬ、党争的政治心理を固執化させたものであった。

そして党争が朱子学のような儒学と緊密な関係があり、党争の主体は儒林たちであったために、儒学の国教化、書院の成長と緊密な関係があったとはいえるが、その反目と対立の俎上に上った問題は、朱子学の哲学体系の研究論議ではなく、礼論や儀式末節に関する些少な問題であって、党争が主として狭少な感情的反目に終ったことは悲しむべきことであった。討論とか言い争いをわが国では「シビ」（是非）というが「是非」とは元来正しいか誤りかを判別することを意味するのであるが、党争を誘発した「是非」はそのままわれわれの語感が伝えるように、問題にもならぬ人の欠点を捉え、これを攻撃して喧嘩をしかけるものであった。党争は些少な争いから血なまぐさい権力闘争に発展するのが常であった。

士禍、党争は世祖の王位争奪をはじめとして、李朝史全般を支配したといっても過言ではない。とくに李朝の最盛期といえる成宗朝の治世直後から始まり、燕山君の暴政期にいたって最高潮に達した。かくして十五世紀末にはじまった士禍という王宮内の紛争が、地方的儒教勢力である明党間の党争に拡大発展し、十七世紀末まで支配階級間の権力闘争は止まるところをしらなかった。

前代の高麗時代にも官人間の政争はあったが、それは主に王室との婚姻問題、王位継承問題を繞っての王宮内紛争に極限されたものであった。しかし李朝の士禍と党争はその舞台を拡げ、執権党の官人と在野朋党との関連において、惹起された闘争として、その範囲と性格が変ったものであった。

李朝統治層内の紛争は概ね二段階に区分することができる。つまり①士禍＝王と官人ないしは朋党との闘争②党争＝主として儒林たちの強力な党派的結合である朋党間の闘争である。そして前者である士禍はまだ王室内政権争奪戦の性格をある程度もっているが、後者にいたっては李朝全体の官人階級が、幾つもの朋党に分裂して非難、陰謀、テロなどの方法で争った典型的な派閥争いであった。

ところでこの党争は新興儒林らの台頭と緊密な関係があるといったが、最初の士禍である戊午士禍（燕山君四年、戊午、西紀一四九八年）がまさにそれで、儒臣、金宗直一派数十名の士林が、権臣、柳子光のために処刑されたところから始まる。この被害者金宗直が麗末の儒学者、吉再の弟子であるという点から、旧支配階級がそのまま残存して、李朝の新興勢力として台頭するにいたったのである。

その後五十年間、戊午、甲子、己卯、乙巳の四大士禍が連続して起り、この事件で惨害をこうむったのは、朱子学的理想のために闘った士林たちであった。建国初期の外交政策上、対明（ミン）事大主義が採択されたとき、これに附随して国教化した儒教という新たな思想が民間に浸透し、新興儒林勢力を形成して力を持つようになった。いいかえればこの時から保守対進歩の両勢力間の闘争が展開されたということができる。

士禍の誘発原因としては——

①戊午士禍—燕山君四年、成宗実録を編纂するとき、金宗直が世祖の王位簒奪行為を非難した文章を書き、それがその弟子金馹孫の史草の中に挿入されていたことが問題となって、燕山君により惨殺された。

②甲子士禍—（燕山君十年）燕山君は廃位となった生母を追崇し、王后の位に再び上らせ、廷臣のすべてを処刑した。

③中宗反正（一五〇六年）と己卯士禍—燕山君の荒淫な生活と暴政に反抗して、燕山君を逐出して中宗が即位した。中宗は前代の悪政を刷新すべく、新興士林、趙光祖一派を重用したところ、趙光祖一派の革新的改革に対し、保守派の反感を買うにいたり、ついに謀反罪で趙光祖は流配されて死去した。

④己巳士禍―明宗の初め王位継承問題を繞る、王室外戚間の政権争奪戦に捲込まれ、士林の多くが惨禍を受けた。

以上の士禍でみるように李朝官人支配の主体となった儒林、士類たちは、王を中心とする謀略、陰謀などの方法で政治権力の獲得を争い、儒林たちの知識追求は、その至上目標が余りにも甚しく、官職獲得と関係があったことを知るのである。当時の朱子学は純粋な哲学理論ではなく「経済学即政教を計る根本」といえるまでの官僚主義的イデオロギーの性格をもっておりその朱子学の倫理的教訓はすべてが骨抜きにされたものであった。

李朝士禍の性格で問題になるのは、その闘争方式である。反対派を勢力の座から追出す方法が①告げ口②陰謀③私的反感による復讐などであり、西欧封建社会でのような公開的かつ正々堂々たる騎士道的競争ではなく、卑屈で陰性的な、したがって寛容と妥協のない「残忍性」を内包していたのである。

東洋における官人たちの競争は、西欧封建主義の騎士道や、資本主義市場内の公開的競争とは類を異にし、むしろ「共産主義的全体主義下の」官僚たちの競争と類似した点が多い。こうした東洋社会の「統治官僚階級の環境下では、謀略と中傷が絶対的な役割を担当する。かかる習性、陰謀、不法逮捕、拷問などの全体主義的手法が重なって、統治官僚階級間の競争には警戒すべきものがある」と、ウィットフォーゲルはいっている。このように李朝官人階級の闘争も、秘密裡に謀略する争いであったが、その理由は第一に、田制改革後の科田と、後にいたっては現職官吏に与える職田までもなくなった国家経済の貧困、これに伴う中央集権的一人政治の弱化――その間には官位を得ようと暗躍する士類の増加に反し、与えるべき官職の数は制限されていたという点を考慮すべきであり、第二には、専制的官人支配下で官権が余りに肥大したため、民間産業活動などが萎縮し「社会の多様化」が醸成されず、勉強したものは凡てが官位につかねばならぬという、いわば「ナーリ（旦那）根性」が固まっていった。

結局、党争の伝統的弊習は後代における、情実人事、猟官運動、汚職、野党に対する無慈悲な弾圧などに継承されたわけである。こうした士禍の内紛は党争にいたって更に熾烈となり、その党争の温床は書院であった。

建国の初め李太祖は儒教を国教化する一方、「自身も経筵官を置き経典を講ぜしめて為政の資に備え、さらに三年には都評議使司の上申によって、済州島にまで教授官士を賜い、六年には太学を置き聖哲（孔子）に奉仕する文廟のほかに、序学、明倫堂、養賢庫を設け、多くの学田を賜わった」とされている。この結果、李朝時代には明賢儒者が多く輩出し、当時の初中等学校といえる書院、書堂の増加によって、主として漢文学に限ってはいたが、教育史上大きな貢献をなしたことは事実であった。とくに十五世紀後半、世祖の代に生れた「成均館」は、国立大学、研究院であると同時に、科挙制と共に官吏の登用機関となった。かくして中央、地方を通じ私学としての書院の発展から、執権層以外の新たな官人候補生が多く輩出され、既成勢力に対する不平不満と批判が大きくなり、一つの強い勢力として君臨するようになった。すでに士禍以前に李朝社会には儒林の知識階級が形成され、その数が増加して「高級ルンペン」が多量に製造されたわけで、その部類を分けると——①勲旧派＝世祖の寵臣、功臣、御用学者らの既成勢力②節義派＝世祖の王位簒奪行為に憤慨して「二君に仕えず」（不事二君）という忠節から野人となった士類たち③士林派＝勲旧派であるいわゆる官学派に対抗した進取的革新派、すなわち金宗直一派④清談派＝官学派に反対はするが猟官意慾には超然として、清談風流を楽しむいわゆる「竹林七賢」をもって任じた派、などである。

この四派は結局、勲旧派（官学派）という保守的な御用学派と、士林派（朱子学派）という革新的な新進士類派との対立闘争であって、結局こうした書院の発展と士類の新旧対立が士禍の近因となったのである。

書院から輩出された士林らは「朋党」を構成するまでに、数的にも実力面でも強大となった。白雲洞書院（周世鵬）の創建以後多くの書院が生れ、明宗以前には二十九院、そして宣祖の時には百二十四院に増加した。書院は有志の出資と国家の補助を受け、田地と奴婢と書籍を所有し、田荘を私有化するようになり、書院は漸次地主的性格を帯びるようになった。

宣祖（一五六八年—一六〇八年）の代には政府に乙卯士禍以来の士林学派（朱子学派）を大幅に登用し、一旦新進士類が勝利を収めたが、政権獲得後には同派自体内に新旧勢力が対立して、文字通りの官位争いを始めたのである。すべての士類がみな権勢を得たのではなく、官職の絶対数が甚しく不足し「十人のうち一人に官を与う」（十人共一官）にしても足らぬところから、党内の実力者のみいいポストを得、弱いものは常に不遇な状態であったので、またもや自派内における分裂が不可避となったのである（四・一九後の民主党新旧派分裂と対照してみるとき興味深い）要するにポストは少く、猟官者は多いのであるから、地閥、門閥、情実にとらわれた人事行政が必然的となり、これがさらに紛争の種を蒔くようになったのである。

党争のはしりである東西分党は、情実人事ないしは人事行政に対する不満から始まった。宣祖八年に金孝元と沈義謙が「銓郎」の官職を繞って紛争を開始した。李朝官制上「銓郎」がすべての人事権を掌握する椅子であったので、金孝元が銓郎の下馬評に上るや、沈義謙がこれに反対し、二人をめぐって朋党的な雰囲気がつくられ、東人（金孝元派）と西人（沈義謙派）に分れた。東人はさらに南人、北人に、北人はさらに大北、小北に分裂した。そして西人も尹西と申西に分れたり、合したりして、さらに老論、少論に分派するなど、四色党争の対立、分立は絶える間がなく李朝末まで、いや今日にいたるまで継続しているわけである。大義の下に団結することができず、小さな個人感情と私利にとらわれ、ばらばらに分裂して数知れぬ党派をつくる悪弊は絶えることがなかった。

十七世紀後半に入っては、大儒宋時烈も党論に捲き込まれ、国王の服喪期間問題で失脚し、ついに死刑になったのであるから、四色党争が如何に熾烈なものであったかが窺えるのである。それはまさに「至大、至久、至難」なものであったと、わが国の党争をさして「党議通略」は評している。

結局、宣祖二十四年三月には使官を日本に送り、倭乱（日本の韓国侵攻）の気配を探ってきた報告が、東人、黄允吉（正使）の主張と、副使で行った西人、金誠一の主張が相反して、その混乱からついに倭寇に対し事前の対備ができなかった。正使、黄允吉は国王に対し「豊臣秀吉の眼光が烱々として、野心満々たるものがあり、必ずや入寇するであろう」と、敵情を正確に報告したのであるが、副使である西人、金誠一は「秀吉の眼は鼠の眼のようで、風采きわめて貧弱であり、あえて入寇しようとは思えず」と反対意見を述べ、被侵を警戒する必要なしと説いた。党争が民族の危機に際しても、このように有害に作用したということは遺憾至極なことといわねばならない。

乱後も分裂は継続し、粛宗の代には優勢な西人が再び老論、少論で対立し、王弟（後の英祖）の継位をめぐって少論の猛烈な糾弾を受け、金昌集など老論四大臣が大逆罪に問われるにいたったが、これが辛壬士禍である。

こうした党争の渦中にあって、英祖は深く考えるところあり、いわゆる「蕩平策」をたてて四色を平等に登用する一方、いずれかの一党が専制するのを防ぎ、その王権を強化した。英祖は一時無事太平の世を築き、世宗大王の以後李朝文化のルネサンス期を迎えたが、海外の近代列強と天主教の流入で、後期李朝社会は再び混乱に陥り、党争の当然な帰結といえる「勢道政治」が現れ、民生は極度の塗炭に陥った。結局、李朝の国家体制は大きく揺らぎ、地方官吏の横暴と収奪は甚しく、農村は極度に疲弊してついに洪景来の乱、三政の紊乱、哲宗朝の民乱、東学農民運動などを経て、李朝社会は崩壊に突入した。

要するに党争は書院の成長と儒林、士類など、新たな「高等インテリ」の大量増加で、官職のみを狙う彼らに「失職状態」を齎したことが、紛争の重要原因になったといえる。李朝の官人階級がその経済的基礎となる田荘の不足で、経済的利権闘争を激烈に展開せざるを得ず、その生存競争は権力争奪戦の形態で現れたのであった。

十九世紀末に来韓したモーリス・クランは、西欧人の眼で「孤立の結果として創造の才能も国内に鎖され、高度の思想は軋轢の禍根となり、不和内紛の酵母に変性して党争を生み、社会的進歩を停滞させた」と評している。継続膨張して行く李朝社会が、その経済的土台は未だ自給自足的封建経済のワク内に閉されていて、遠く眼を海外に向ける余裕もなく、「封鎖された国」の孤立を固守したところから、長く溜められた水は腐って臭気を放つの道理で、その悪臭がまさに党争の醜悪な陰謀、内紛となって現れたといえるであろう。

実学者である星湖も、党争の原因を「党裕蓋国設科、頻而取人広也」といって、その対策に遊休「両班」を農業に従事させるべく「帰士務農」を主張したし、朴斎家は中国の江南浙江と商船を通じて、中国の技芸を習い、その風俗を調べて「拘儒俗士の偏塞因滞」と喝破し、視野を拡げて両班たちを帰農定着させ、商業の道も国家が補助してやるべきだと提議した。

党争はわが歴史上きわめて有害、かつ恥辱的な内紛習性を残した。とくに官位と官職慾を満足させるためには、手段方法を選ばぬ残忍性と、排他的な朋党結合、そして妥協と寛容を知らぬ苛烈な闘争史は、後代に議会民主々義と政党政治の可能性を損壊させ、ついには解放後わが国民主々義輸入十七年史を失敗に帰せしめた一大要因であったといっても過言ではない。

五 李朝社会の悪遺産

われわれの社会は過ぎし解放十七年間の、民主社会建設に失敗を重ねた。政党政治を担当していける健全な政治人がなく、それを推進すべき指導勢力を育成することができなかった。公務員は賄賂をとることと、不正蓄財に目がくらみ、一般国民また利己心が悪性個人主義化して、誠の愛国心も勤労精神も欠如している。

最近では「葉銭」という言葉が流行して、わが民族の劣等意識を自認している有様であり、互いに傷つけあって他人の亡ぶのを望む「民族性の悪性化」を来している感が深い。こうした多くの悪習は結局この国での健全な、福祉民主国家の建設を阻害している。既往には西欧民主々義を「直輸入」すれば、万事うまくいくと考えられたが、結局、損われた韓国の土には輝かしい外来民主々義の木は接木に成功しなかったのをみるとき、いまやわれわれはわが民族史の原木を培養しなければならぬとの自覚をもつのである。

ところでこのような事情は、英国式民主々義十余年の苦い失敗をみたパキスタンでも、革命指導者アユブ・カーン将軍がパキスタンの伝統と現実に適合した政治体制を整える必要性を力説し、「わが国の民主々義は他国からもってくるべきではなく、パキスタンの書物の中からさがすべきである」といい、回教の民族宗教の中に「基本的民主々義」の根を置く、といったのはわれわれに示唆するところ少なからぬものがある。エジプトのナセルもまたそうした傾向を歩んでいる。

こうした点を反省してわれわれは、李朝社会史がわれわれに与えた悪遺産を整理し、反民族的、反革命的諸要素と闘わなければならない。

李朝社会の悪遺産を顧みる前に、その大前提となる後進民族の立場を考察してみよう。一九五七年ローマで開催された国際経済学者大会に参席した、ギリシヤの経済学者デリバニス教授は、後進国の貧しい原因を、①できるだけ少く働こうとする住民の根性②企業家の低い平均才能③行政の低調、をあげた。国民の悪習や反民主的要因が、先ず経済的貧困からくるという前提を仮定して考えるとき、後進民族は「怠惰である」というのが一般的見解である。もちろん怠惰であるのは「貧しい国」の特長である①原始的生産②人口の圧迫③自然資源の未開発④資本の不足、などを挙げることができるが、こうした要因は近代化過程において「貧困の悪循環」を招き、資本投資もできず、実所得も低いところから、経済活動に対する意慾が挫けるわけである。

したがって李朝末に外国列強が入り、資本主義発達の契機が形成されたとき、わが国では何よりも企業心を発揮すべき経済的余裕も国家的補助もなかった。他方各国の近代化の原動力は、民族主義という宗教的情熱が国民を奮い立たせ、急激な経済開発と海外市場拡大を強行したが、わが国では近代化の土台も出来上らぬうちに、極東諸国の「餌」となったのであるから民族資本が形成される余裕がなかったのである。

(1) 事大主義—自主精神の欠如

したがって李朝の悪遺産を論ずる時には、韓半島という地政学的位置から「事大主義」的対外政策をとらざるを得なかった、李太祖の建国理念と当時の極東情勢から始めなければならない。

健全にして自主的な外交は、国内に健全で自主的な国民精神を形成する。もともと李太祖が政治的理由で設定した事大主義が、儒教の慕革思想を知識人の中に深く食い込ませ、すべての社会制度、生活様式までそのまま真似る「模倣文化」を形成した。したがって価値判断の基準が、自己の判断力とか自民族の文化にあるのではなく、「中国でどうしているか?」に照応してみて、受動的に決定してしまい、自民族の現実や伝統の中で自ら探究しようとしない「事大依存的習性」をつくりあげたのである。

それゆえに民族的自立性、民族的主体性が形成されず、外来文化や思想の「既成服」のみを着ようとする傾向に流れ、これが解放後、いわば「救護物資」的民主々義の輸入となったといえよう。

結局、事大主義は、①わが国の地政学上の位置が、強大国との事大外交を不可避ならしめた一面を認めることができ、②歴代王朝が事大外交を止揚するだけの実力も創意もなかったし、③高麗以後、先代の国学的史風と民族固有文化を抹殺し、あまりにも儒教など外来文化輸入に傾倒した④新羅が統一のために唐の援兵を利用して以来、統治勢力が国内問題の解決が困難な場合には、外国の軍事力を招致する悪習が生れた、などの点をその成立根拠とみることが出来る。そこで問題は事大依頼的悪習を一掃するための、自主外交の伝統が育成されなければならないということになる。

(2) 怠惰と不労所得観念

李朝の社会構造は農業のような生産活動と、勤労精神が萎縮するようにつくられた。先にも述べたように、怠惰は後進国の一般的特長であるといったが「韓国的怠惰」は「両班観念」をはじめとして、われわれの歴史に根深い特権意識と、不労所得観念とも緊密な関係がある。さきに田制改革で言及したように、李朝の土地制度は両班を特権地主に仕立てたし、また地主である両班はただ収租権にのみ関心があって、農家経営には無関心であった。したがって伝統的経済観念は、厳密な利害打算を追求するのでなく、安っぽい「閑良」気質を形成した。「閑良」はのちに「ファルヤンイ」に転訛し、その意味は「金を湯水のように使い、ハッタリでシャレ男」ということである。これには必ず虚勢がつきまとっている。実質的には金もないくせに、いたずらに虚勢を張るのが、大抵家や身を滅ぼすのであるが、これは虚礼を事とする外飾的形式主義にほかならない。わが国の伝説には守銭奴を悪くいうユーモアが数多い。そうした社会雰囲気の中では貯蓄観念が生れず、その日ぐらしができれば結構という刹那主義が潜んでいる。官僚的専制は土地制度上に強く扶植され、農民の財産や土地は常に官権の影響を受けるようになり、名目上の土地国有制が近代化過程において、健全な土地利田化を促求できなかったので、いうところの「弱き財産」に対する愛惜も少なかったとみることができる。

かかる雰囲気は民謡やその他の民衆の歌の中に潜んでおり、勧酒歌とか愁心歌、陽山道などに見られるように、この瞬間を思いきり楽しもうという快楽主義が造成された。しかし一般的に怠惰なのは「両班」など上層階級であり、不労所得の階層であった。田舎両班の客間での空論がその標本で、火鉢の側に坐って虚勢を張り、高談俊論で家内の自慢話で終日を送り、髯ばかりしごく懶惰な両班生活がそれであった。

したがって健全な職業観念が発達しなかったわけである。ドイツでは職業を Beruf という。これは神から与えられたもので職業即「天職」という観念からきている。西欧近世史上の宗教改革は、人間が職業人として社会的効用に奉仕することにより、神を敬うことになるということを人々に教えた。われわれが普通考えるのは、真の生活は世俗的なこと以外の何か高尚なことであると考える。しかしドイツ人たちは世俗的な職業（Beruf）に忠実なことが、とりも直さず神の意に副うことであると考えたのである。いいかえるならば世俗的な職業、商売、金儲けは、すなわち神から附与された使命の完遂であり、これは手段ではなく人生の目的それ自体であると考えたのである。だから世俗的な職業にも忠実であり、責任感を覚える。これとどもに「ライン河の奇蹟」を起した第二次大戦後の西ドイツ人も、こうした誠実な職業意識から勤勉であったのである。その一例に西欧人たちの姓名は、みな手工業などの職業と関連が深い。Smith は鍛冶屋を意味し、その祖先が鉄工所を経営した鍛冶屋であることを現わしているが何らこだわらず、東洋においても日本人の姓の中には、賤しい職業を現わすものが多い。ところがわが国の姓名は大概が金、李、朴などで、いうところの「賤しい職業」を現わしていない。

この点からみてもわが国には李朝以来、職業観念が薄弱で、すべてが農業統制下に官僚となることのみを心掛けた、官権観念の弊害は大なるものがあるといわねばならない。現在でも農民が息子に勉強させるときは、自分と同じく手に泥をつけて働くのでなく、楽に飯の食える官途への勉強（法科、政治科など）をさせたがるのである。

(3) 開拓精神の欠如

外国人たちは、韓国人はすべて悲しみ、哀傷、悲劇を好むという。わが国の民謡をみても殆どが哀調を帯びており、その悲しみは強い反抗として爆発するのでなく、「なるようになれ」「仕方がないじゃないか」といった、消極的な諦念に堕している。だから韓国人の悲劇は西欧のそれとは根本的に違っている。西欧の悲劇は力強く逞しく、運命的なものと対抗しながら、悲壮に仆れてゆくので、そこには否定をさらに否定し、克服しようとする力動的緊張があるものである。ところがわが国の悲しみ、哀愁は、実は悲劇ではなく、可憐であり、諦めの反芻である。それは「忍従」よりも劣る奴隷的な「屈従」の固まりとでもいおうか。

したがって逞しく立ち向っていこうとする西欧的悲劇意識が韓国にはなく、軟弱な涙と安っぽい同情があるだけである。こうした弱々しい同情感程度では、民族性の中に力強い人生の勇気や、逞しい開拓精神を生み出すことはできない。

ここでわが国の代表的な歌一つをあげ、消極的諦念が固執化した一端を探ってみよう。それは「アリラン」である。韓国といえば「アリラン」を連想するほど、われわれの心をよく現わした音曲である。そこでこの歌の歌詞を仔細に検討してみると

「わたしを捨てて行く人は
十里もいかずに足を病む」

——これは自分を振り捨てて行く人を慕いながらも、「あなた私を置いてどこへ行くの？」と強くたちふさがることができず、あるいは十里ぐらい行って運よく足でも痛めて戻ってきてくれたら、という憐れな心情が含まれている。遊牧民族の西欧人であれば一緒について行くか、首筋にぶらさがって行かせないようにするであろうが、「十里ほども行って戻ってくることを願う」程度に慕いながらも、それを行動に現せぬ軟弱さをよく現わしている。「密陽アリラン」の「恋しい君が来たのに挨拶できず、前かけくわえて口だけニッコリ」する程度に消極的であり、無表情な一面をみることができる。

しかしわが民族の消極的諦念は、早く新羅の郷歌にひそんでいたといえる。處容歌をみると

その終りに「元は俺のものであったが、こうなってはどうしよう」というのがある。つまり處容が暫く外出して帰り寝床をみると、妻の傍らに他の男が寝ており、それをみて本来は俺のものであったが、盗られたから「どうしよう」——仕方がないと諦めてしまう民族性の一端を覗かせている。こうした場合、西洋人の男であったなら、有無をいわず拳銃をぶっ放して射殺したではなかろうか？　とすればわれわれの祖先はこれほど意気地のない聖人であったのだろうか？

こうした諦念は対決意識がなく、後退するか、屈服する人生態度であるから、運命に易々と屈服することになる。したがって運命を開拓するとか、新しい道を模索することができない。とくに民間の信仰の中に深く、占い、観相、四柱、択日といった運命観がくいこみ、不可能を可能に転換させようとする勇気が不足した。したがって貧困がつきまとい、生活を再建しようとする意慾が盛り上らなかったのである。

かかる諦観は大抵消極的な現実逃避として現れる。李朝社会に蔓延した民間信仰、讖諱（予言）など、とくに「鄭鑑録は避難所に十勝之地を求める現実社会逃避」であり、そのほかにも退溪、栗谷（註＝姓は李で両者とも大学者）らの作った陶山十二曲、高山九谷歌は、すべてこの世を離れ深山の自然に埋もれ、月や草木を友として安貧楽道したい、というもので、これこそ韓国知識人の現実逃避の典型であるといえよう。わが国の歌が悲しく涙を催させる一面、嘆息があり、少し辛いと「生きられない」「死にそうだ」という言葉が口を衝いて出る。李朝専制下に郷吏たちの搾取に苦しんだ民生の一端を物語ると同時に、安易に生活を放棄しようとする軟弱な人生態度、現実逃避を何か高尚なものと錯覚する敗北意識が深く根を下ろしているのである。

(4) 企業心の不足

これは企業心の不足として現れる。心の底ではいろいろな着想をもちながらも、それを現実化させる勇気がなく、仕事にかかる前から不可能な理由ばかり考えて、ついにやめてしまうのである。これは独自的に自分の仕事をやってみることができず、常に官家の眼の色ばかり窺った専制社会では、自主的な創発性を期待するのは困難であった。そのために何の事実であっても権力機関を抱き込まなければ、自力だけではダメだと考える習性がついた。官権と結んではじめて金儲けができるという、不正蓄財観念が深いのである。

また企業心は極度の貧困の中からは生れない。その日の食がないところにどうして何かを計画し、運営して行くことができようか？　われわれ韓国人たちの挨拶の言葉が、大抵は「朝御飯はおすみですか」といったものである。これは朝飯が食べられないほどの貧窮の中から生れた挨拶の言葉である。西欧人たちは、Good Morning, Guten Tag など天気のことを挨拶にしている。彼らの住む英国のような国の天候は、非常に不順なところから天気が挨拶になったわけだ。わが国の貧困は挨拶の言葉になるほど深刻であったのだから、国家的補助や、挙族的育成なしに企業心は生れなかったであろう。「後進国資本形成論」を書いたナクシー教授も、後進国で資本蓄積ができないのは「着想（Idea）の不足」であるといった。これまた企業心の不足をいうことである。李期社会の階級構造、工人たちの賤視、官尊民卑思想などが、すべて企業心の欠如を刺戟したとみることができるのである。

（5）悪性的利己主義

わが民族は団結心が少く派閥争いが多いといわれる。これは李朝の党争史が雄弁に物語っている。封建鎖国を堅持してきた李朝社会は、その内部が停滞して腐敗し始めたので、「その小農本位の分散的経済条件とともに、家系本位的な私争的派閥争い」が、民族的団結を破壊し地方主義的な散漫な派閥意識を助成したのである。

「李朝政争史」に四色党争の一般的弊害を挙げて、①党争は社会各階級を離反させ②士大夫、賢愚高低の標準を失わしめ③大きく人倫を破壊した、といった。これはまだ李朝末という近代の転換期に、民族主義が健全に生長し得ず、民族意識の形成をみることができず、種族意識の段階に止まって、家族本位的な浅い民族意識と国家意識をそのまま持ち、国家も家父長と家族員間の関係の拡大としか理解できなかった。これはわが国の宗法制度の弊害といえる。

宗法制は男系血統継続主義をその基本原則とする、父系的家産制度である。したがって宗法制は先ず宗族意識で結合される宗族団体の形成を招来し、その宗族団体の存在は国家の諸般民主制度の運行を破壊するものといえる。宗法制のもとでは男系血族間における共同血縁の意識が強化され、相互間に本宗と呼称してその血縁の遠近を問わず、百代之親（註＝長い間の親しさ）の観念で一門として対するだけでなく、一門間には可能な限り一戸に集って、共同生活を営むことを願って九世同居を理想とし、共同生活をしなくても共同血縁の意識――宗族意識をもって協同する、血縁団体の家族団体を形成する。こうした宗族意識をもって協同する宗族団体は、国家の中に小国家をつくり排他的団体に化して、宗族団体間に抵抗意識を助長し、紛争を起している例をわれわれは常に各村落で目撃するのである。

宗族団体の存在は、宗族団体間の紛争を惹起することにより、社会の秩序を紊すだけでなく、宗族団体の構成員各人の意思と行為を制御して、各人をして民主々義に逆行させるのである。

こうした宗法制度に由来する家閥、門閥の狭い宗派観念と、階級的特権意識、家父長的専制観念、絶対屈服の弊習は、健全な民族主義の形成を阻害し、利己を越えて功利性を前提する道を塞いだ。他人が豊かになってこそ自分も豊かになるという社会意識が成長し、他人の幸福と同時に自分も幸福を得るという、社会的功利主義へと発展しなければならないのである。

(6) 名誉観念の欠如

李朝社会では儒教の正名主義が入ってきて、名節（盆、正月、節句など）や儀礼にこだわり、実を忘れることが屢々であった。冠婚葬祭を人の前で大きくみせるために、家産を蕩尽した。しかし西欧の騎士道的な名誉意識は形成されなかった。党争の雰囲気の中で論功行賞は好みつつも真の人格的名誉観念は薄弱であった。一対一で対決する決闘よりは卑法な権力に寄りかかるか、大勢に頼る方法をとった。これを阿附的勇気という。問題は虚心坦懐な「平服の勇気」がなかったということである。

西洋では「名誉をかけて」という言葉を、われわれは「決死的に」あるいは「滅死的」を「必死に」という。自分が死ねば名誉も何もなく責任を負わない。結局、たやすく自分の命を断ち責任を免れるということで、名誉をかけ責任を完うするために死ぬのではない。嘘をつい、オベッカをつかい、人の金を搾取するのは、すべて名誉感の欠如と関係が深い。したがって法律上の「名誉毀損罪」というのは、西欧人の生活意識の産物であるので、われわれには実感が出ないのである。

わが民衆には名誉観念が薄弱であり、したがって責任観念が稀薄である。それは確固たる自我意識が形成されず、ただ「漠然とした種族意識」「家閥意識」があるだけだからである。

その一例としては、西洋人たちは「私」を大きく打ち出し「I」といい、あるいは「Ich」と強調するのに対し、われわれは「私」が「小生」であり、その小生の字体すら小さい。

そして「私」は大概対話の中で「われわれ」（ウリ）という、漠然とした種派の中に解消させる傾向がある。「君は煙草は好きかね」というとき「私は好きではない」というところを「われわれ（ウリ）は好きではない」といっても、少しもおかしくない。これはわれわれの言葉の中に単数、複数が分けられていないセイもあるが「私」という自我が確立されていないためであるといえよう。

大抵われわれの言葉には「私」という主語、自我主語を省略するのが却って自然的である。「革命が起ったというので飛び出した。何も見えなかった。それで家に戻ったところ、ラジオが革命を報らせてくれた」――この文章から「私」という主語が四回抜けたとしても、文章には全然支障がない。「私」の責任的自我が形成されていなければ、健全な人格も道義の確立も期待するに困難である。このような自我の確立がなければ、健全な批判精神も成立しないのである。

(7) 健全な批判精神の欠如

批判は現実を克服せんとする積極的姿勢から生れるもので、李朝社会のような強権的専制下では、諦めや逃避のみがあり得る。

とくに東洋精神の中には真の批判がなく、伝受と継承のみを能事とした。孔子の言といえば無条件正しいとし、「子曰く……」で万事ＯＫであった。李朝社会の文化また朱子学以外の自由な学問の研究を許さず、これを「斯文乱賊」といって抑圧した。したがって民衆の心の中には、陽性的な批判精神が育たず、陰性的な不平不満が習性化した。とくに党争の対決は批判的論争ではなく、不平不満の蓄積であり、その爆発もまた歪められた非正常的な発散であった。

一方、李朝人たちは比較的詩文には長けていたが、論証を通じた理性的思考が欠如していた。感受性や感覚には敏感で、言語にも感覚的な形容詞は発達させたが、論理的思考からくる理性には鈍感で、中国文献をそのまま写し置くに止どまった。討論とか意見の発表は大概「両班」の威信と関連し、独断的であり絶対的であった。少なくとも相手方の意見を考慮するとか、論争で理論的に納得させようとするのでなく、問答無用で抑圧した。

李朝社会の文化はちょうどギリシヤのソフイスト時代に譬えることができる。問題は出世であり、知識は出世して権勢を握るための道具であった。したがって権勢をもつ虚偽が却って権勢のない真理を抑えるのが当り前となった。こうした悪貨が良貨を駆逐する傾向は、李朝社会内に健全な指導勢力の育成を不可能ならしめたのである。

六　伝承すべき遺産

われわれは李朝史を、四色党争、事大主義、両班の安逸な無事主義的生活態度などを挙げ、後代の子孫に悪影響を及ぼした民族的罪悪史であると考える。時には今日のわれわれの生が、よじれ曲っているのは、さながら李朝史の悪遺産そのものであると考える。今日の若い世代は、既成世代とともに先祖たちの足跡を怨めしい眼で振返り、軽蔑と憤怒を併せて感じるのである。これは若い世代にとっては、一つの良い長点であるといえる。現実の再建はもちろん、過去史を批判的に反省し、よりよい未来を創造する契機となるからである。

しかし一つ警戒しなければならぬことは、わが国の現実を再建するにおいて、外来文化や政治制度に余りに依存し、自分が踏えている韓国という大地から、展開されてきた国史を捨て去るとか、そこから離れては何にもならないということである。解放十七年史を顧みるとき、わが民族は一時期のナイロン旋風にも、ダンス熱にも、そして外来品の氾濫に捲込まれ、自分の魂を奪われそうになった。いわば「外来思潮の消化不良症」にかかったといえる。

今やわれわれは自分の考えを国史の奥深く根を下すべきである。ソクラテスが風前の灯のごとく揺れ動くアテネの市民に向って叫んだ「汝自身を知れ」——この言葉は「汝の民族が歩んできた苦難の歴史の中から、教訓と力を捜し出せ」という意味で、われわれの胸を強く打つのである。

わが民族は歴史という鏡の前に立ったとき、とくに芳しくない点だけをみて失望の余り頭を深く垂れる有様である。しかし荒野の中で喘ぎながら生きてきた苦難の歴史も、誇りである場合があり、それを誇りにまでもって行くことが、革命を通じて歴史を力強く創造する役軍の本懐ではなかろうか！　わが民族史は「傷だらけの栄光」である。そこにも珠玉があり宝がある。この意味からわれわれは李朝史の中ででも、われわれが伝承すべき優れた遺産を尋ねてみることにしよう。

李朝時代のルネサンスは、世宗、世祖、英祖の代といえる。この中興期を迎えて爛熟した李朝の文化が花開き、大同法、均役法などはもちろん「ハングル」（韓国文字）の制定、経国大典の発刊は、後代の民族に大きな影響を与えた。

世宗大王（一三九七—一四五〇）は、わが文化史上輝かしい業積を残した聖王であるばかりでなく「言文一致」の原理に立脚した「ハングル」の制定は、実に民族的自覚から湧き出た賢策で、その偉大さは「近世韓国の民族文化革命」といっても過言ではない。その訓民正音の序に「国之語音が中国と異なり、文字をもっては相流通せず……」といっているのをみても、世宗大王は文字改革を通じて自主的民族意識を鼓吹したのみならず、民族固有文化の育成と国民教育に一大革新策を樹立したものといえる。

それまで使用された文字は漢文であり、また覚えにくい漢文は両班階級の専用物として、民衆はさらに無知に追いやられ、専制的愚民政策の暴圧下に暗い生活をつづけて来た。

世宗大王は民衆の生活を洞察することのできる賢君で、「訓民」を考えた点はやはり偉大な民族的指導者の面目をみせてくれるだけでなく、『故に愚民が言わんとするもついにその情を述べ得ざる者が多し。余はそれを憐れに思い、新たに二十八字を制定し』訓民正音として、下からの民心と民意を尊重する一面を見せてくれたのである。

世宗は文化、政治研究の国立研究所格である、「集賢殿」の制度をよく活用した。このアカデミーでは世宗の援助を受け、当代の少壮学者を集め、各種学術研究の討論、政治制度、歴史の研究、王の学問上の顧問と進講、各種書籍発刊、著述などに従事した。大王は、成三問、申叔舟、鄭麟趾ら集賢殿学士たちと共に、事大主義学者の反対を押切って「ハングル」制定を断行したのみならず、その他の科学発明にも大きな業績を遺したのである。

大王は李蔵、蔣英実をして天文観測機（簡儀、渾儀、渾象）や日時計（仰釜日晷）と水時計

（自撃漏）をつくり、農業に利便をはかったほか、一四三八年（世宗二十年）には天文図、天文暦法に関する書籍を編纂し、一四四二年（世宗二十四年）には測雨器を製作して、中央観象台である書雲観に置き、八道をしてこれを模倣し、全国の雨量を計るようにした。

世宗十一年（一四二九年）には中国農業の代表作である「斉民要術」を参考にして、「農事直説」を著わし、一方では田制を整備し、賦税の公平を期するため、田分六等、年分九等の法を制定、二十年毎に「量田」（土地測定）を実施させるようにした。

また世宗の代には括目すべき活版印刷術の改良が行なわれた。太祖の時には木活字を除き、よく銅、鉛など鋳造活字が使用されたし、太宗の時には新たに鋳字所を置いて銅活字をつくったあと、さらに活字を改鋳した。とくに世宗の代には四次にわたる鋳字改良を行ない、わが国の活字の発達はドイツ人グーデンベルクの活字発明（一四五五年）より遙るかに先立っていたのである。

かくして李朝盛時の世宗、世祖、成宗の代には、「治平要覧」「竜飛御天歌」「高麗史」「五礼儀」「国朝宝鑑」「東国通鑑」「東文選」「東国輿地勝覧」「訓民正音」「経国大典」など著名な本を多数残した。

先に述べた世宗前後の、李朝初期ルネサンスは、英祖、正祖の代にきて更に花開いた。英祖は党争の被害を根絶させるべく「蕩平策」を書いて、人材を広く選んで登用する一方、新たに均役法をつくって一般農民の負担を軽減し、その代り権勢家たちが所有している漁場、塩田、船などから税を徴収して国庫の収入を増やした。つぎに正祖は熱烈な改革意思をもって文運を発展させた。正祖は奎章閣を建てて敬虔な学者たちが集まるようにし、腐敗した外戚勢力を除去し、大々的に学問を奨励して、大典会通、武芸図譜通志、奎章全韻などを編纂させた。

英祖の代には国文学が大いに発達し、金天沢の青丘永言と、衙前（下吏）出身の金寿長の海東歌謡が編纂され、春香伝もこの時に出たものである。そのほかにも檀園、金弘道の画などの美術や、李朝白磁器など工芸も発達した。

以上は王朝と支配層中心の文化遺産を説明したが、これよりも民衆の中で芽生えた、高貴な遺産をとりあげてみよう。

（1）地方自治の発生――郷約と契――

民主々義の基礎は地方自治にある。地方自治には無関心で中央政治にのみ関心をもつのは、中央集権的専制の残滓であって、民主政治が成長していないことを物語るものである（四・一九後地方自治団体選挙に対する国民の無関心さと関連して）。

こうした意味で、李朝の初期から発達したわが国地方自治の芽である「郷約」は、それほど燦かしく開花したものではなかったが、もう一度省みるべき遺産である。今日の再建国民運動が成功するためには、国史上の地方自治の範型である「郷約」から、歴史的根拠を再び得るべきであり、それによってのみ民衆の中に根を下す汎国民運動として成功するであろう。

元来「郷約」は、李朝の儒教主義による数多い弊害にも拘らず、数少い美点の一つである。

「郷約」とはいわば郷里、郷村の契約に該当するもので、その地方の自治組織をいう。郷約は本来、中国・宋代の藍田呂代（呂大防）一門にできたもので、その四大綱目は

(イ) 徳業を互いに勧奨しよう（徳業相勧）
(ロ) 過ちを互いに正そう（過失相規）
(ハ) 礼俗を互いに弁えよう（礼俗相交）
(ニ) 患難を互いに助けよう（患難相恤）

というもので、これは郷村の自治規約である。李朝に入ってきたのは呂氏郷約に朱子の増減されたもので、わが国で本格的に採択されたのは、改革派の趙光祖一派の奏請によるものであるその後いくばくもなく失敗し、民間で自然発生的に生れたもので、その代表であるのが李退溪、李栗谷の郷約である。

趙光祖の郷約以前には、すでに李太祖が「郷憲」として地方自治運動を策したことがあり、世宗の代にきては各地方に汎国民的な「留郷約」を設置して、地方官吏の不正を直し、郷風を正しくした。中宗以後（一五一七年）国令をもって郷約の一般化を強行しようとしたが、良い成果を収めることができず、その後民間で自然発生的に郷約運動が起り、中国の郷約を先ず韓国化させ、さらに各地方の実情に適したものにして、はじめて成功したのである。

こうした地方的特色を加味した地方自治的組織の発生は、主に李退溪の礼安郷約からはじまり、坡州郷約、海州郷約、西原郷約、社倉郷約などに伝播し、李朝末まで盛んであったが、そ

れが儒教の封建倫理によって差別待遇となり、土豪の跋扈の足場を与えて、健全な平民的新たな民主勢力の登場にまで発展できなかったのは遺憾である。とくに郷約が儒林たち中心の郷校と結んで、美風良俗を保護するとの美名下に、虚礼と形式を勧奨し、女子の出入時に被衣で顔をかくすなど、男尊女卑にとらわれ、その制度がもつ儒教的制約を脱皮できず、両班支配階級の貴族自治から民衆自治に発展できなかったことは、十九世紀末東学乱の際、忠清道地方で郷約が官軍と協力し、東学軍と闘ったことで十分に説明される。

つぎは「契」の発達である。

元来「契」というのは一種の親睦の集り、同好会、あるいは組合のことをいう。契は高麗時代からあったが、それが近世にきては郷村に広く伝わり、共済、共生組合の役をする自治団体として発達した。しかしこうした組織がはっきりしたものではなく、大概は秘密結社、血縁的封建的ワク内の組織に終った。その「契」の組織をいくつかに分けると

①秘密結社を主とする契で、これに該当するものは、宣祖の代に鄭汝立らが催した「大同契」である。東西党争で朝廷を離れた鄭汝立は、郷里全州に帰り学を講じながら、儒林、武士僧侶などを集め、大同契という同志会をつくり、反王大乱を起す目的で武芸を鍛練する一方、反乱の思想的根拠を「秘記讖説」(鄭鑑録にある木子亡奠邑、すなわち李氏は亡び鄭氏が興るという説)におき、隠密に組織を拡げていた。鄭汝立は儒教の尊王思想に対抗し「人民に害となる王は弑しても可く、行儀不正な夫は去っても可い」と、当時としては奇想天外な革命的な

説を唱え、これを実現するために契をつくったが、ついに発覚して全家族が皆殺しにされ、その著述などはすべて火に焼かれた。しかし鄭汝立の反逆は再評価さるべきであろう。また李夢鶴らの同甲契会もそれである。

②同好親睦に関する契で、宗契、花樹契、同甲契などがあり、これは血縁、地縁の族党的結合である。

③共済救助のための契は、婚喪契、為親契、香徒契、投堰契などである。

④同業組合としての契には、蔘契、牛契、金契、銀契、紙契などがあった。

⑤共同担保、隣保団結を目的とする農民たちの契には、軍布契、戸契、洞契、統契、農契、松契などがあり、これは族的、村落的結合で無力な民衆たちが、横暴な両班支配下で生きていこうとする結合である。こうした結合は無力な農民たちが、自分たちの自治団体、あるいは族党といった権力者との結合関係を通じて生きようとしたものであった。したがって成員間の平等を認める組織体となり得ず、封建的な臭いをもつ義理、人情の紐帯に縛られた、閉鎖的な団体であったといっても過言ではない。しかしこれはわが国地方自治の萠芽として、将来、農業協同組合を展開する歴史的土台として検討してみるべきものである。

(2) 国難克服のための愛国伝統
――李忠武公と義兵運動、東学農民運動など――

李朝儒教主義は、新羅の代から伝承された強い護国民族精神である、国仙「花郎道」の知行合一の指導者像を打ち壊わし、文弱に溺れ、広開土王の雄大な高句麗的雄威を失い、継続する外賊の侵入を受けたのが李朝である。このように姿を消した民族精神の花郎道は、李朝に入っても国難のあるたびに、支配層は束手無策であっても民衆の中から自然と湧き出たのである。その花郎道の李朝的中興が、李忠武公の燦爛たる護国行績である。忠武公と同時代の学者として名高い李晬光は、壬辰倭乱を自ら体験したことから、この倭乱の中で花郎道の再現をみたのである。宣祖の代の李晬光が綴った「芝峰類説」によれば、国俗の仙とは花郎国仙を指すのであり、それが「作契」して互いに「糾察監察」するところ、これを「香徒」というといっている壬辰倭乱のとき護国青年団体である「香徒」の国仙が、忠武公の精神を受け継いで花郎の伝説を再び生かしたものということができよう。

花郎道研究家である丹斉が、妙清の西京戦役と、事大史家金富軾の三国史記を、わが国民族史上の「第一重要な事件」としてみるのは、まさにその時から花郎道国学風が姿を消したからである。

そこで李晬光は、「香徒」が現われ「中外の郷邑と坊里がすべて契」をつくり、国土防衛に臨んだとしている。事実壬辰乱の時にはわが国に僧兵が現われ、西山大師と四溟堂が僧兵を指揮したといわれ、その時訓示した内容が花郎五戒であるところからみて、「僧兵」も大方花郎国仙であったことを知るのである。

なんといっても花郎国仙を李朝において求めるとすれば、東洋海将の亀鑑、李舜臣将軍を挙げるべきであろう。その英雄的海戦と尚武精神は、国難克服のための護国伝統を樹立したのである。

その後壬午軍乱のあとには各処に義兵運動が興り、その規模や戦闘回数は尨大なものであった。とくに全琫準将軍が義兵を挙げた「東学革命」は「斥洋、斥倭」「除暴救民」の大義を掲げた農民反乱で、その中にはやはり花郎精神が流れていた。東学教主、崔済愚は花郎道の発祥地、慶州で生まれ、「儒仏仙三教合一」の新たな民族宗教を樹立し、「保国安民、地上天国建設」を提唱したが、これまた花郎の伝統をつぎ「仙」すなわち花郎国仙を、新興民衆信仰として再興しようとしたのである。とくに水雲（崔済愚）は剣舞をよくし、これを勧奨したというから、花郎尚武の遺訓を体していたといえよう。真のわが国知識人は文弱に流れず、一旦国家が危難に陥れば、勇んで戦場に赴く愛国的戦士でもあった。

(3) 庶民文学の開花

世宗大王が「ハングル」（韓文字）を制定して以来、漢文学より韓文で表現する国文学の発達は壬乱を前後して多くの詩歌作家を輩出した。鄭澈の松江歌辞と尹善道の歌辞は、後人たちが高く評価している。とくに宣祖の時の許筠の「洪吉童伝」は、金万重の作品である九雲夢、謝氏南征記のような中国作品の模倣でないという点で更に価値がある。許筠は洪吉童伝で、儒教論理と既成社会に対する批判を試み、階級打破を主張する一方、民衆の蜂起を予告したといえる。

李朝中期以後には庶民文学が台頭し、両班の妾腹の子孫と平民（常民）の中から、学者、文人が多数輩出した。胥吏階級出身の金天沢（英祖の代の文人）は青丘永言を、金寿長は海東歌謡を出し、その後朴孝寛、安玟英の二詩人は歌曲源流を著した。そのほかにも隷属的地位に抑えられていた女性たちが、詩文学を通じて輝きを残した。李栗谷の母である申師任堂、許蘭雪軒の詩、黄真伊、李梅実らの妓女文学などが有名である。とくに思悼世子の夫人である恵慶宮洪氏の恨中録は、わが国宮中女流文学の白眉であり、党争的雰囲気を血涙で綴った歴史的告白でもある。

(4) 退溪と実学思想

李朝代に性理学は大いに発達し、李退溪、李栗谷のごとき大学者を輩出した。書院の発達と共に山村に埋れ、私学を育成する一方、深奥な哲学の探究を可能ならしめ、「四七論争」（四端理之発、七情気之発、などの「四七」を中心に、退溪と奇高峯間の学術論争）の大碩学を輩出したが、とくに退溪の学問は日本に伝わり、近世全般の日本思想を支配した感がなくもない。

栗谷は社会問題、国政問題に関しても大きな関心をもち、理気説だけでなく「更張漸進主義」の立場に立つ理論を展開し、壬辰乱の前に「十万養兵説」を唱えた点、やはりその偉大な先駆的知性を物語っている。

十六世紀中葉以後、近世列強たちが東洋に侵入してくるに伴ない、隠者の国にも朱子学だけで安住することができなくなり、西欧文物の刺戟を受け実学思想が興ってきた。

実学は空理空論にとらわれた朱子学に反対し、実用的知識と科学を尊重する思想である。この「実事求是」の根本精神は、秋史、金正喜の「実事求是説」などによれば、「実」は、すなわち実践躬行を意味し「空虚に陥らぬ」こととしている。茶山、丁若鏞に実学的立場から「経世遺表」「牧民心書」などを著し、過去朱子学に染まった両班たちの、無事無為主義、安逸主義を排撃し「天下に堯舜より勤勉なるはなきを、無為なりと詐り……」と慨嘆し、無為自然に托して束手無策、虚しく日を送る生活態度を反駁し、実践を強調したのである。顧ればわが国近代化の転換期に立った思想界が、党論に偏った朱子学など儒教風を押え、西欧科学文物を受入れる進取的な「実学」の革新思想を果敢に取入れ育成したならば、後進性を克服する時間を遙かに短縮できたであろう。

七　李朝亡国史の反省

――民衆の反乱、外来植民地化の亡国史反省――

李朝社会は宣祖の代の壬辰倭乱と、仁祖の代の丙子胡乱の二大外来侵入によって、内政は極度に紊乱し民衆の生活は形容できぬほどの悲惨な境地に陥った。党争史の反省においてみたように、李朝王権もすでに弱化し、その混乱の中で勢道政治が、純祖、憲宗、哲宗の三代、六十年間継続し、いわゆる「勢道」を振った外戚の金氏一門は、官位争いと賄賂、売官、売職を茶飯事のごとく敢行し、地方官吏の殆どが勢道家の戚党として、民衆を賦役と貢税の両面から苛酷に収奪し、その暴威は形容できぬほどのものであった。

勢道政治というのは、王の信任を得た外戚の中の一派が独裁を行ない、自派の利益のためには国家権力を無軌道に悪用する、末世的政治現象のことである。したがって李朝後期の党争と、外賊の侵入にひきつづき、勢道政治の横暴が現われたのであるから、いまや民衆の生活は中央の両班はもちろん、地方の勢道外戚、官吏たちに、多くの法外な徴収にとられ、その疲弊は言語に絶するものがあった。それで暗行御使（註＝隠密に行動する取締官）を頻繁に派遣したが、御使までが収賄する有様で、李朝官人の不正、腐敗はその極に達したのである。李朝が黄昏を迎えた兆候はいたるところに現われた。

先ず旱害、水害、虫害、悪疫、乞食、餓死などの災難が絶え間なく起った。とくに顕宗十二年（一六七一年）の兇作の際には、餓死し疫病で倒れるものが壬辰乱の時よりも多く、飢えたものたちは人の墓を発いて屍体の着物を剝ぎ、幼児を捨てるもの数知れなかったという。そこで政府が遺棄児収護法を公布するまでになった。純祖十二年（一八一二年）の飢民の数は、平安道九十万名、黄海道五十二万、江原道十七万、成鏡道四十万、京畿道七万に達し、次の年には平安道二十三万、黄海道三十万、江原道十二万、慶尚道九十二万、忠清道十八万、全羅道六十九万名に達したといわれる、このような尨大な貧民の増加を政府としては到底救済する道がなかった。

「貧しさは国も救えない」という、昔の俗言がこの場合にあてはまる。結局はやむなく流浪する離農民と乞食が続出することになった。それらは山にかくれて山賊となり、そのために山火事が頻発して村落や地方官衙が焼け、強盗が銃をもち馬で各都市に頻々と出現したので、これを「火賊」と呼んだ。また海岸と河川には「水賊」たちが横行した。数多くの農民反乱が起ったが、その中でも平安道民に対する差別待遇と、農民の困窮を利用してそれを煽動し、一大王朝反乱を起したのであるが、それが純祖十一年辛未（一八一一年）の「洪景来乱」である。

洪景来は元来、不平官人として政権奪取を目的とした「逆賊」であったというが、その反乱が可能となったのは極度に疲弊した農村の貧困であった。一時この乱軍は清川江以北を完全に掌握し、揺れる李氏王権を脅かしたが、半年後定州の乱軍城が陥落し、結局失敗に帰してしまった。しかし農民反乱は継続して各地で蜂越し、哲宗十三年（一八六二年）には慶尚、全羅、忠清の三道で無数の反乱が起こり、そして鎮圧された。

この哲宗期はいわば「民乱の時代」を現出したが、その始まりは有名な「晋州民乱」からである。哲宗十三年二月に晋州民たちは、兵使、白楽莘の貧虐に耐えかねて蹶起し、反乱農民たちは頭に白布巾をかぶり、竹槍をもって官家に押入り、官長を追出し、奸吏を殺して放火、破壊を敢行した。これが農民反乱の導火線となり、ついに「東学乱」という近世最大の農民反乱にまで拡大したのであった。

しからばこのように農民たちが民乱を起こすにいたった原因は何か？　史家たちは「三政の紊乱」のためであると説明する。三政とは田政、軍政、還穀など、国家財政の根本となる納徴をいうのである。この三政が紊乱したため、国庫は枯渇し、地方官吏の横暴と収奪が苛酷であったため、農村経済は破綻し、したがって田制改革を土台として立っていた李朝の、中央集権的官人支配は崩壊する危機を迎えたのである。とくに地方官員たちが三政紊乱の隙に乗じ、中間搾取方法を種々考究して収奪したので、民乱の直接的憤怒は地方官吏に向けられたのであった。先ず田政において土地台帳を整備できなかったので、実際の収獲と量案とは大きな差があり、このため地方官吏は農地を増やして中間搾取を行ない、このような「空地徴税」で農民の負担が増大した上に、免税地の増加、国庫の赤字による過重な各種税率の附加によって、多くの農民たちは流浪の途につかざるを得なかったのである。また地方官員たちには一定の「常禄」（俸給）がなかったので、自然不正、横領によって生計を維持することになった。軍政は代役税として布地を徴収することをいうのであるが、そこにも無力な農民たちだけが過重な負担を強要され、また還穀も元来は一種の貧民救済策として、低利で「春貸秋納」する制度であったのが、官権をバックとする国家的な規模の高利貸に化してしまった。結局農村経済は極度に荒廃し、国家存立は危機に直面するようになったのである。

哲宗十四年、すなわち晋州民乱の翌年に執権した大院君は、諸般の国政改革と、対外的には外来西欧勢力の侵入を防ぐ「鎖国政策」を敢行した。大院君が外戚勢道を押え、四色を平等に登用し、地方の癌である書院を撤廃したからといって、その程度の微温的改革では、膿むだけ膿んだ李朝社会を再生させることはできなかった。かえって彼は莫大な財政を投じて、景福宮重建の一大土木工事を計画し、各種の納税を徴収して民怨を買うにいたったのである。

対外的にみるとき大院君治世は、天主教徒の入国と合せて、近代列強が韓半島という餌を前に、互いに争っている状態であり、極東においては日本、清国、ロシアの三国が、対韓政策面で互いに角逐しており、西欧各国は阿片戦争後中国を攻略して、隣りの韓国を狙っていた。それが丙寅洋擾、辛未洋擾として現われたのである。

当時の極東情勢は中国と韓国に対する利権を繞っての、列強の植民主義的欲望の対決であったといっても過言ではない。こうした局面で、世界情勢にうとい大院君は、二度の洋擾を退けて意気揚々とし「斥和碑」まで建てたが、執政十年目に一八七四年、政権を外戚閔氏一派に委ねるにいたったのである。

その後、閔氏の勢道政治も鎖国を継続したが、高宗十二年、雲揚号事件を契機として、日本側の要求条件を容れ「開国」することになり、釜山ほか二港を貿易港として開港することを内容とする江華島条約（一八七六年）が締結された。この条約以後征韓論まで持出し、軍国主義的侵略を武力で行わんとした「サムライ」たちは、日本商品の市場化という「経済的な見えない侵略」で、韓国に押寄せはじめた。日本外務官僚、宮本小一がきて修交通商章程を議定し、四年後金宏集を送り、さらに日本の代理公使、花房義質がきて修約により、釜山のほか元山と仁川の開港をみるにいたったが、この機会に日本は韓国の隅々までを調査した。そうして入ってきた日本の安い綿製品は韓国市場を独占してしまった。そして韓国からは米を安値で買っていくことにより、韓国は日本のための食糧供給地となっていた。とくに日本商人たちは西欧商品を仲介して韓国に売りさばいた。韓国市場に売る西欧商品（日本の対韓輸出の八〇％以上）は、日本船舶によってのみ輸送されてきたので、いわゆる「舶来品」は日本資本主義の発達と韓国植民地化の手先となったわけである。

門戸開放を契機として新文化が輸入され、新しい制度が採択されるようになった韓国社会は、近代化のために日本に「紳士遊覧団」を派遣するなど、大騒ぎの中で、国内世論は開化、革新の自主派と、守旧、事大の親清派の二派に分れた。したがって混乱した政界は再び改革派である閔氏系と、守旧派大院君系の対立闘争が展開され、その背後には日本、清国、ロシアなど外来勢力が糸をひいていた。一八七三年、大院君が隠退するや、政局の指導権は王妃の閔氏中心の開化派が握るにいたり、韓国の内政改革を日本を手本として遂行しようとし、軍制面でも新武器が導入され、日本将校を招聘して新式軍制を編成することになった。

遅蒔きではあったが開化思想をもって、近代化の必要性を痛感した閔氏一派の改革運動は、実は李朝官人支配や、その経済的基盤である田制改革(近代的土地改革)を実行しようとしたのではなく、皮相的な新制度、文物の輸入に終わったため、地に根を下した改革運動となり得ずまた腐敗した両班官人層に代置できる新たな指導勢力、近代化の働き手を基盤とする改革もできなかったので、ついには失敗せざるを得なかった。結局、閔氏派の改革の試みは、軍制改革による旧軍隊と、大院君派の不平を買って、これが新制「別技軍」となり、旧軍隊は長く滞った俸給問題をとりあげてクーデターを起し、閔妃を打倒しようと閔氏一族の家屋を壊わし、日本人教官を殺害し日本公使館を破壊した。これを壬午軍乱という。

結局、内憂外患の中で起った壬午軍乱は、守旧派である大院君を再び登場させた。乱を鎮圧した大院君は新たな政府機構をつくり、閔氏一派を制御する一方、自派を登用し軍制を復活した。こうした混乱の韓国に対して、日清両国は競って侵略の手をのばし、日本は軍乱の際の日本人被害に対する保障を要求し、五十万円の賠償金と公使館衛兵の駐屯を認める、済物浦条約（一八八二年）を結んだ。清国はこの機会に韓国に対する支配権を回復すべく、韓国の軍乱を鎮圧するという名目で、五千の清軍を派遣し、鎖国政策をとる大院君を拉致して行って、閔氏政府を樹てる一方、この傀儡政府をして西欧各国との通商条件を結ばせた。米国（一八八二年）英国、ドイツ（一八八三年）イタリア、ロシア（一八八四年）との通商関係締結がそれである。

「西勢東漸」で西欧植民主義、侵略勢力により、中国が世界の「餌食」になっているとき、韓国は主として日清、あるいは日露間の露骨な対立にまき込まれていた。

結局、壬午軍乱のあと清国の韓国進出は、日本に大きな打撃を与えた。かくして日・清の角逐戦は、国内的には親日的な開化党と、親清的な事大党(閔氏一派)間の対決となって現われ、閔氏一派は結局親日派と親清派との二つに分裂した。日本を背景とする金玉均、朴泳孝、徐載弼ら開化党は、一八八四年日本の武力を借りてクーデターを敢行し、王宮を占領、新政府を組織し、革新開化を宣言したが「三日天下」に終り、いうところの「甲申政変」は失敗に帰した。

このように韓国は日・清と西欧などの植民地化へと転落して行き、李氏王朝と官人支配層の勢力争奪戦、地方官吏の無造な収奪は激甚を極め、ついに「哲宗朝の民乱」は一大農民革命に発展したが、これがかの「東学民乱」である。

甲午（高宗三十一年）の年（一八九四年）には、全羅道古阜で郡守の趙秉甲が、万石洑の水税を徴収したのが導火線となり、三南一帯を席捲する農民反乱に拡大し、倡義東学軍大将、全琫準の下に百万の大民軍が集結した。元来、全琫準は南接の接主で、東学の地方組織である接色を基幹として、東学幹部を指導者に、そして革命のイデオロギーは崔水雲の「人乃天」の民衆思想、経国安民、広済蒼生、地国天国建設の東学思想をもってし、前代にみられぬ一大民衆革命を展開した。

全琫準将軍は「斥洋斥倭、除暴救民」を大スローガンとし、圧政下から民衆を解放し、外来植民主義に叛族を掲げる民族革命として展開した。東学軍はついに湖南の要地全州城を陥落させ、官軍を到るところで紛砕し、倉庫を開けて貧民に米を与え、横暴な両班、官吏を処断した。三個月余を全琫準と金開南は、全羅左右道を号令し、時期をみて「駆兵入京」せんとの計画を樹てていた。五月に入り日軍と清軍が内乱に干渉して、派兵することになったため、全は全州城を官軍に明け渡すと共に、東学の自治民政機関である「執綱所」を各道郡に設置し、執綱所は弊政改革十二条を提示した。これには貪官汚吏の厳罪はもちろん「奴婢文書の焼却」「無名親税の廃止」そして「公私債はもちろん、己往のものは勿施」「土地は平均に分作させる事」という、近代化の要諦である土地改革の要求まで入っていた。これは後に甲午更張にそのまま反映し実現されたので、東学革命の要求が半ば成就したわけである。

東学民乱は、李朝官人支配を民衆の力で転覆させることはできなかったが、それがわが国の民主革命と近代化の起点として、もつところの意義は大なるものがあるのである。

その歴史的意義は① わが国近代民主革命の嚆矢として「保国安民、広済蒼生」の民衆思想と、斥洋斥倭の反植民地民族主義の台頭であったという点、②李朝封建専制社会の解体過程において、新たな社会建設のための指導勢力が、農民大衆の中から芽生えたということと、西欧の近代化と比べ後進李朝社会の中から、農民革命が試図されたという点、③韓国社会の再建と革命の原理を、西欧思想の直輸入ではなく、主体性をもつ東学の「人乃天」「事天如天」という民衆思想で展開され、わが国革命思想と新たな民主々義の、韓国化のための精神的源泉になったという点、④したがって東学は花郎道など民族精神を継承した主体的思想として、その後三・一運動、四・一九、五・一六の韓国民主革命の下地をなしている、という点を挙げることができるのである。

東学民乱はついに日・清両軍の韓国進駐の口実を与え、日清戦争を誘発した。その時韓国政府は日清両軍の撤兵を提唱したが、日本軍国主義は清軍を敗退せしめ、韓国に対する支配権を確立した。

この日清戦争に勝利した日本は、閔氏政府を除去し、親日開化主義者金弘集内閣を樹立、いわゆる「甲午改革」（一八九四年）を、日本近代化の方向にしたがって実施した。この改革は日本侵略勢力の庇護下に、韓国の近代化を図る諸般の改革を実施したのであるが、それは一種の「日本近代化改革の輸入品」にすぎなかった。

改革の内容をみると、法律上両班と平民の平等、公私奴婢の文書廃棄、人身売買禁止、賤人身分の廃止、早婚禁止、犯罪人家族の連座刑廃止、新官吏登用法、租税の金納制、文武官の尊卑廃止、海外留学生派遣、外人顧問の招致などであり、これらの改革は急進的に敢行しようとしたが、実効を収め得なかったのはもちろんである。問題は李朝支配層を日帝植民主義手先に代置した結果に止まり、新たに台頭した大衆力量の芽（東学民乱など）は摘取られてしまったのである。近代化のプランが問題ではなく、近代化を遂行する指導勢力としての民族的中枢勢力の形成が問題であったのである。一八九五年正月、国王は親日朴泳孝内閣をして宣布させた、洪範十四条で、韓国が「自主独立国」であることを宣言したが、その中にも日本の韓国侵略のための計略が潜んでいたのである。

日本の戦勝をみたロシア、フランス、ドイツは、韓国と満州に対する日本の独占に反発することになり、ロシアは満州と韓国に南下しようと、侵略の魔手を伸ばしていた際とて、ここに日露戦争を起してしまったのである。当時の極東情勢下で日本とロシア間の、外交上の重要問題は対韓政策であったし、一時は韓国の中立化案で折衝したこともあり、北韓三十九度線で韓国を二分占有しようとの折衝まであったのである。一九〇五年ロシアは新興日本軍国主義に敗れた。

日露戦争中韓国は、局外中立を宣言（一九〇四年）し、日本侵略を避けようとしたが、強制的に韓日議政書に捺印した乙巳保護条約の締結によって、ほとんど韓国の主権を喪失することになり、一九一〇年八月「韓日合併条約」という仮面を被せ、強盗日本は韓国を呑んでしまった。かくして三十六年間の日帝植民地化の「悲劇」が始まったのである。一九四五年八月十五日の民族解放の日まで「韓国」は姿を隠くし「国なき悲しみ」をなめて生きてきた受難の民族史は、文字通り血涙をもって綴られたのである。

韓国の政治的主権喪失は、日本軍国主義の経済的侵略で、その足場を固めたが、それは①韓国の弊制改革②東洋拓殖会社の設立③土地調査（一九一〇年）による植民地収獲の強化④学制改革⑤日本文化宣伝の侵透、などであった。結局、わが国の近代化は、植民地宗主国による近代的変革であったので、畸型的近代化であり、経済的侵略と日本軍国主義兵站基地化のコースに過ぎなかったところから、解放後までその植民地余毒は長く残り、わが民族の再興を妨害してきたといっても過言ではないのである。

八　破滅から再建へ

――李朝亡国、六・二五、四・一九、五・一六――

旧韓末の亡国史から今日にいたる半世紀は、わが民族が「破滅から再建へ」と歩んできた荆の道であったといえる。

近代化と東洋列強の、東洋進出の時期であったわが国近世史の夜明けに、「隠者の国」「鮮やかな朝の国」としられた韓国は、世界史から姿をかくし暗い受難史の主人公と化した。四千年余の歴史をもつ韓民族が、あの南米の「インカ帝国」のように、書誌学上の功献がある民族の遺名を残したまま、歴史の舞台から足跡をかくしたかも知れない――危い瀬戸際であった。

しかし再建の光を求めて歩んだ五十年の荆の道には、嘆息と血の涙が刻まれた。わが国の最近世史は悲痛な「民族の鏡」であるところから、それの否定的な教訓で、わが民族の長い眠りを醒まさずにはおかないであろう。

国恥亡国―三・一―八・一五―六・二五―四・一九―五・一六―これらの日字が節々となって綴られた最近世史の苦程、それは実に被滅から再建への民族の白衣行軍である。日帝植民地支配の下でも、民族主義、独立運動を展開し、民族精神を辛うじて生かしてきたわが民族は、八・一五解放を迎えたが国土は両断され、やがて六・二五の民族相残の悲劇を演出するにいたり、北にはソ連、中共の赤色帝国主義植民地化の道を歩む、金日成共産独裁が人民を酷使し、南では李承晩＝自由党独裁十二年に、基幹産業の土台である電力一つ解決できず、奢侈的消費経済で農村は疲弊し、その農民の血と肉を削いで都市のみが非正常的に肥大し、腐敗と不正が極に達して、世界の目からはわが国が「極東の病める孤島」として映るにいたった。若い世代の民族意識と貧困打破、民主再建の大願を絶叫した四・一九も、自由党とは「〇・五党」程度の、土豪、解放貴族の徒党に過ぎない民主党の執政九個月間に、幾多の失政を重ねて、ついに五・一六軍事革命を誘発したのであった。

五・一六軍事革命は、わが国近代化史上八・一五に始まる民主革命と、自立経済建設の民族的課題が、四・一九学生革命で覚醒が促され、その基礎工事を始める起点であると理解されるべきであり、同時に東学農民革命、三・一民族独立宣言、大韓民国建国理念を貫いて流れる一つの民族史の巨流の一環として理解されなければならないであろう。以下細部について論じてみることとする。

過去半世紀はわが民族史の一大転換期であった。一九一〇年を前後してわが民族は、日本帝国主義の植民化に転換し、韓・日「保護条約」以後、韓国は三十六年間の民族受難期を経てきた。過去半世紀は世界史上「アジア民族の覚醒」の時代であると同時に、いうところの後進社会が植民地支配を脱して独立し、近代化を完遂する激動の時代でもあった。この貴重な時期にわが民族は、近代文化の開花が「つぼみ」のままで凋み、倭賊の鉄鎖に縛られたのであるから、その蒙った累は長く後代に及び、民族史の再建と創造を妨げたといえる。韓国に対する日本の植民地支配は「武断政治」の苛酷な暴力支配であり、無慈悲な「サムライ」気質の憲兵と警察を先立たせた無道な暴圧であったことは、今さらいうまでもあるまい。とくに日本の侵略は自国資本主義の成長と膨脹のために、経済社会的には赤子のような、近代化黎明期の韓国を虐めたのである。これは韓国の農民を掠奪し、食糧供給源に仕立てたので、李朝官人支配下で呻吟してきた農民たちは、どうすることもできず零落の道を辿ったのである。日本が韓国を商品市場と原料供給地化したのは、経済的植民政策として極めて苛酷なものがあり、未だ半封建的な零細農業国に過ぎなかった旧韓末経済は、資本主義植民地化のために勢い畸型的な姿とならざるを得なかったのである。

一九〇九年八月二十九日、韓・日合併が発表され、一九一〇年には韓国に近代的「土地私有権」を確立する土地調査事業を実施して、植民地体制を整備強化した。李朝建国の基礎が田制改革によって齎らされたように、日帝の土地調査事業は九年間の日時と巨額を投じて完成し、武断政治の本領である朝鮮総督府を大土地所有者として、続々移住してきた日本人たちが地主となり、鉱権、商権等を掌握することになったが、韓国経済は伝統的に「経済的抑圧」下に萎縮してきたところへ、さらに一九一〇年を契機として、日帝武断政治の官権が再び登場し、韓国民族資本の形成と農民の経済的成長をさらに萎縮させたのである。

一九一八年土地調査事業が完成し、韓国に初めて近代的土地私有権が確立したことは重大な歴史的事件であった。韓国では古い土地所有制がその時までも残存し、土地調査と日本人たちの土地買収上、大きな混乱をひきおこした。これは韓国の伝統的な土地制、すなわちアジア的共同体と封建的集権制下に、土地の私田制に対する自覚が未熟で、近代的私有観念が発達していなかったためである。いいかえれば近代化が農民＝民衆の成長によって齎らされたものでなく、日本資本主義の植民地支配形式で強売された「一種の輸入品」であったという事実である。

韓国資本主義の出発は、まさにこの土地私有制確立から始まったが、日帝の強売品であったために、今日までもわが国資本主義が畸型的な萎縮過程を踏んできたという点に注目しなければならない。

すでに一八七六年「江華島条約」を起点として、土地国有制の上に立った李朝中央集権的、封建社会は崩れ、日本資本主義の侵入を受けた。すなわち日本資本主義は韓国に資本を投入するためには、価格の不安定を除去しなければならなかったので、新たな貨幣制度を準備させ、日本市場との統一した度量衡制に改革し、日本の金融機関、商社などを進出させ、一九〇八年には東洋拓殖会社を設立し、日本資本主義の独占市場化のために、韓国に鉄道を敷設したのである。一方、日本資本主義は土地に侵入して、食糧供給地につくりあげようとし、やがて一九一八年に完成した土地調査は、日帝植民地化への経済侵略を図る、外来「土地改革」になってしまった。そうしてその結果、土地は過去の収税権者であった両班、官人階級の私田と化する一方、朝鮮総督府は「最大の地主」となり、農民はすべて土地のない小作人に転落したのである。

結局、日帝の土地調査を契機とする、いわゆる「土地改革」は、土地を商品化し、近代的所有権を形成するにいたったが、根本的な構造的改革になり得ず、小作農民と官人的地主という弱い所有関係の延長に過ぎなかったし、土地を喪ったわが国農民はさらに零細化し、貧困化への道を歩んだ。韓国農村経済は、日本資本主義によって強要された近代的土地改革にもかかわらず、李朝末の官僚貴族の土地を、そのまま私有財産権として合理化させたに過ぎず、高率の現物小作料を納付することになったことは、封建遺制を濃厚に残存させたことになり、いつまでも半封建的畸型性を脱することができなかった。こうした植民地土地私有制は、解放後農地改革（一九四九年六月）により、土地のない農民に有償分配され、形式的には改革（六・二五動乱などで波瀾を重ねた）されたといえるが、実質的には失敗に帰し「農家高利債」などの弊害として現われた。

農地改革は①農地を細分して小農、貧農をつくることにより、農村経済の資本主義的成長を達し得ず②農民は平年作の三割を現物穀として、五年間継続負担することになったため、過重負担で農家はさらに零細化し③地主階級は買収された土地代金としての土地証券を、産業資本として転用することができず、帰属企業体は殆ど官権と政治ブローカーによって籠絡され、旧地主ではない新興資本家、つまり「解放貴族」の掌中に入ってしまった。農地改革で地主は民族資本家層を形成できるチャンスを失ない、政権、官権によって富はつくったが「解放貴族」

は政治気象図に敏感な階層であるので、その不安定性によって健全な資本育成をもたらすことができなかった。経済外的な抑圧による官権依存経済の「悪循環」は、わが国歴史を支配してきた伝統的な弊害であって、その根本的再反省と検討を必要とするのである。

再言すれば、日帝植民地的土地政策と解放後の農地改革は、すべて農業技術の発達と経営の合理化を達成できず、国家経済の零細化、離農などで、かえってわが国農村を破壊の道に追込んだだけであった。したがって農地改革は、農村社会の中枢勢力である地主階級が没落した以後、人的にも物的にも荒蕪地と化したわけである。過去の地主はそれでも経営面で比較的安定勢力を保っていたが、それすら没落したのでこれまで農民が依存してきた、農村の中心勢力を完全に失なったばかりでなく、小農、零細農がその経営資金を依存してきた(地主という)財政的源泉が消滅したわけである。したがって農民たちはやむを得ず、地域社会とは紐帯も愛着もない商業資本か、産業資本に依存せざるを得なくなり、結局、血も涙もない高利債の搾取対象と化し、増える一方の農家負債はわが国経済の「貧困の悪循環」を促してきたのである。

さきに、日帝の経済侵略を論究し、その影響力を解放後の農地改革にまで延長して考案したが、これはすべてわが民族の奴隷化を強要した、日本の「武断政治」に起因するものである。

ソウルに総督府を置いた日本は、韓国民族の独立抗争を防止するため、憲兵、警察を先立たせて軍国主義的圧制を加え、政治的自由はもちろん、言論の自由も韓国の土からは姿を消した。しかしわが民族の自立精神は民衆の中に厳然と生きていたのである。

合併前にはゲリラ戦で全国的な規模の「義兵」運動が起こり、いたるところで日軍を叩いたのをはじめ、間島、沿海州などでは抗日義勇軍が組織されて、鴨緑江を渡り日軍を襲撃することが頻繁であった。文化人、知識人、教育者も隠密裡に独立思想を鼓吹し、漸次民族言論（独立新聞など）が現われ、培材学堂、中央、普成、徽文、養正などの私学が生れ、西北学会、興士団畿湖学会、湖南学会なども生れて、民衆啓蒙に当ったほか、基督教、仏教、天道教なども民族主義的自覚の下に成長していった。

こうした韓民族の自主精神の自覚、成長は、一九一九年、三・一独立運動として爆発した。この全国的な挙族的独立運動は、畢竟失敗に帰したとはいえ、その歴史的意義は大なるものがあった。この運動は①男女老幼を問わず独立と自由を絶叫した挙族的団結を示威し②東学民乱以来、封建的身分制を除去した民衆的抗争として、近代的自覚の表示であり③民族自決の民族意識を発見した、わが国の健全な民族主義の開花である、と同時に④近代的な愛国、愛族心が芽生え⑤武断的独裁に反対する、民主主義的自由の自覚である、という点で大きな意義があるのである。この三・一運動で集約的に現れた民族自立の反帝国主義、反植民地闘争は、継続して解放時にまでいたった。

三・一独立運動ののち日帝は、韓国統治方式を武断政治から文化政治へと転換した。一九二〇年以後十五年間、日本は米穀増産運動を展開し、植民地経済体制である「単一栽培」を強要して、米だけを生産する単独耕作型農業に切替えたため、韓国経済は多様的発展を期することができず畸型的に萎縮し「自己中心の経済」と化して「自立経済体制の一大欠如」を齎らしたが、今日においてもその欠如は引続き作用しているのである。

満洲事変を契機に日本資本主義は、帝国主義的海外侵略へと進み、主として北韓地域を中心に日本の工業資本が投下され、朝鮮水力電気会社、興南窒素肥料会社などをはじめ、鉱工業、紡織、食料品工業などが生れた。これは今日にいたるも、南韓は米、北韓は工業と二分される結果となったのである。

一九三一年（満洲事変）以後、第二次大戦までの時期に、日本帝国主義は韓国を大陸侵略のための兵站基地とし、戦争目的のために韓国経済は、極度に萎縮し犠牲となって、米飯はもちろん、末期には履物さえない惨めさとなった。

やがて日帝は韓国民までも、いわゆる「皇国臣民」化し、日本の奴隷たらしめようとして、日本語の使用を強要し、神社参拝、創氏改名などで韓国民族の「言葉」と「魂」までも掠奪しようとしたのである。このような「国なき民族の悲哀」三十六年は、第二次大戦の終戦によって終りを告げ、わが韓民族は解放されたのであった。

一九四五年八月十五日！

この日はわが民族の解放記念日である。しかし民族解放が自力によって、民衆の自覚的成長によって勝取られたものでなく「終戦のみやげ」として連合軍により贈与されたものであったので、これがそのまま解放後十六年間の混沌の時期を齎らした原因であるといえる。三十八度線による民族の両断、これまた外国の贈物であったから、北にはソ連軍による傀儡政権が樹立され、南韓にはUN監視下に南韓単独政府として、大韓民国が樹立された。この民族分裂は赤色帝国主義の、新たな植民地政策として北韓を呑み、傀儡金日成一党を手先として、一九五〇年、六・二五動乱を勃発させたのである。三年間の熱戦はこの彊土を焦土と化し、数多くの死傷者を出す一大民族的悲劇を演出した。一九五三年七月二十七日、休戦が成立して今日にいたっている。

休戦後八年間の南北韓は分裂したまま「休戦会談による平和」を維持しているが、歴史的にみれば、この時から南北間の「経済競争」の時期に入ったと見なければなるまい。その後の闘いは、大韓民国からみれば経済的、政治的、社会的、文化的な「勝共の対立時代」に入ったというべきであろう。

北韓では傀儡金日成独裁下に、人民たちには民主主義的自由が剥奪され、休戦後から「千里馬運動」という経済計画を敢行して、北韓民衆を酷使してきた。

然らばその間、わが民国の実情はどうであったか？

自由党独裁十二年に農村経済は破綻し、官紀は紊乱して、不正蓄財者たちは健全な国家経済の成長はおろか、不正、腐敗の温床と化した。解放十六年に南韓では、李承晩老人の盲いた独裁と、腐敗した自由党官権中心の「解放貴族」たちが跳梁し、民族の将来は暗くなって行くのみであった。民主主義を直輸入した議会民主政治は失敗し、三十億ドルの外援は電力、肥料工場一つ満足につくれぬまま、都市の華やかな消費生活に蕩尽された。社会は外来風潮消化不良症にかかり、外来商品の展示効果に誘惑されて、奢侈的な消費性向のみが増大し、農村は原始そのままの生産力をもったまま、二律背反的な不協和音は韓国社会を蝕んだのである。一九五九年、コンロン報告の韓国篇は「韓国には民主主義の殻だけ残ったのも奇蹟である……韓国には民主主義が不適当のようである。むしろ仁慈な専制政治が妥当であるかもしれない」と結論したが、ついには四・一九の反独裁学生革命を誘発したのである。

この学生革命を起させた民主党政権は、またその無性格、無計画な執権九個月間に、失敗のみを重ねて韓国社会をデモ、暴力団などによる無法地帯となさしめた。

やがてこの国を命をかけて死守した、愛国的な国軍は蹶起した。五月十六日の朝、軍事革命軍は首都ソウルに入城し、革命委員会が組織され、農漁村高利債をはじめとする、旧悪一掃に断を下す一方、民政復帰を国民に約束し、歴史的な革命課業遂行に力強い前進をつづけているのである。

八・一五解放から始った韓国民主革命は、若い世代―軍人、学生、知識人―新しい指導勢力の新たな革命理念によって完遂されなければならない。晩時之嘆(遅かりし憾み)はあるが、民族のルネッサンスを予備する、国家再建の行進は開始された。人間革命、社会革命の足音は強く大地を轟かせている。貧困から民衆を解放させ、福祉民主国家を必ず建設し了えなければならない。

九　韓国の近代化のために
──わが国民族革命の課題──

これまで李朝社会史と、日帝植民地時代を経て、李政権にいたるわが民族史の苦難の過程を反省してみた。わが国の最近世史は亡国の歴史であり、失敗の記録でもあった。この血の滲んだ歴史が綴られて行くに当って、歴史創造の主人公であるわが民族の自律性が欠如し、事大主義と外来支配に左右された他律性をみることができるのである。日本人史学者は「韓国史の他律性」を指摘したが、わが民族の過去を深く反省してみるとき、それを全面的に否認することができないのである。

韓国史の主人公は眠っていた。新羅骨品制下の貴族や、高麗、李朝の両班官人層は、安易な特権の享受に溺れて沈滞し、新たな民衆的指導勢力の台頭を阻害してきたことを知るのである。歴史の創造者である韓国民衆（農民）は、集権的、官人的土地所有制の下で「半農奴的」地位に置かれ、封建的身分制の障壁は「民衆の解放」を不可能にしてきたのである。したがってこれまでの国史は王朝中心観、事大史観によって綴られ、真の民衆史観の形成をみることができなかった。農民反乱、李施愛の乱、鄭汝立の乱、洪景来の乱、東学民乱など、民衆抗拒の歴史は「捕盗録」に記録され、正史には載せられなかったので、真正なわが民族史の性格を探究するのが困難となっている。

国史は民族の鏡であり、灯火である。過去われわれは「歴史を見る目」をもてなかったし、したがって民族の進むべき道を展望することもできなかった。暗中模索で「道」をさがしながら倒れ、僥いつつ斃れる辛い道程であった。いまやわれわれは「韓国史観」を形成すべき時期がきたのである。韓国民族の主体性を把握し、韓国史の精神的支柱を回復して、外来文化輸入のための批判的受入れ態勢を確立すべきである。

わが民族はいま、近代化の歴史的課題を目前にしている。十九世紀末、西欧列強の東漸以来まだ未完成の宿題として残った、わが国近代化の課題を完遂するのが民主革命の目標である。このたびの五・一六軍事革命が、国民革命として成功するには、この民族史的課題を解決しなければならないであろう。

韓国近代化の課題は、第一に半封建的、半植民地的残滓から、民族を解放しなければならない。今日の後進国の民族主義は「貧困世界の声」であり、彼らの生存のための意志ででもある。彼らは国際外交面で自国の存立と安全のため奮闘している。

われわれも八・一五解放で独立を獲得したが、民族自立と自尊のための闘いはまだ峻しい。全民族が利己的個人を脱皮し、大同団結する道が残っている。過去すべての民族は伝統社会を抜け出て、近代社会へと飛躍するときは、いかなる場合でも民族主義的情熱が作用した。先ず近代化のムードをつくらなければならないということを自覚すべきである。

第二には、貧困から民族を解放させ、経済自立を齎らす道である。わが民族は小規模の農業社会として、常に経済的零細化に苦しめられ、貧困は固執化して脱皮することはできないという執念に固まっていた。民間から民族資本の形成をみることができず、政治ブローカー共が乱舞する中で、畸型的な官権依存経済の弊害が積もり、その近代化を阻害してきた。したがって健全な経済観念が育成されず、できるだけ「仕事をせず手に泥をつけない」不労所得の両班経済観念が、無事主義、安逸主義を育て、懶惰な民族性をつくりあげたために、解放十六年においても企業心は育成されず、華やかな都市の畸型的肥大のみ招来したのである。民衆は長い間の虐待のうちに「無表情な半奴隷」と化し、諦観と哀愁の中で虚しく日を送る消極的人間になってしまった。韓国史全般を支配してきた土地所有制度は、土地国有化の官権的支配の下で、民衆の私有観念は萎れ、再建意欲の泉も枯れ果てたのである。流弊した半島の中で強力な専制下に抑圧された民衆たちは、現実の改革や再建は望めぬと知って自暴自棄し、非科学的な迷信、占、四柱、讖諱などに頼るにいたったのである。

かかる民衆の宿命観は、開拓精神も改革意志も育成できず、自由を自覚することのできない屈従的人間に転落させた。問題はこの民衆の凍りついた心を溶かし、再建意欲と肯定的人生観を取戻させることであり、個人を自覚した社会的人間をつくり、生産的人間、勤労的人間に啓蒙育成することである。

第三には、健全な民主々義の再建である。われわれは過去十六年間の、民主々義輸入史を反省してみるとき、その失敗は外来民主々義をそのまま「直輸入」だけして、自己民族史の反省の上に、自己の生活の中に根を下させることができなかったという点である。李朝社会はその強引な中央集権的封建性の影響を、後代にまで与えた。したがって解放十六年史の中には、血縁的家族共同体の「閉された道徳」が残り、健全な個人の自覚を育成することができず、地閥、宗派、家閥などが強い力をもち、近代的政党の発生も萎れ、李朝的朋党をつくって、伝統的支配形態のカリスマ的な一人政治、李承晩独裁をもって終った。このような権威主義的権力使用と「制度化」し得なかった個人中心的な政党＝朋党は、民主政治を失敗に帰せしめたのである。

民主々義の形態は輸入できても、その根まで輸入することはできない。いまや遅蒔ながら「民主々義の韓国化」という課題を自覚するようになったのである。民主々義は放縦的自由ではなく、自律的自由であるので、民主々義にも指導性が導入されなければならない。

韓国の民主々義は過去、半封建的、半植民地的指導勢力（自由党、民主党の基幹となった解放貴族、地方土豪、両班など）を、そのまま置いて運営しようとしたところに失敗の原因があった。韓国の近代化のためには、近代的な新しい指導勢力の台頭と、育成を基礎としなければならない。下から農民大衆を啓蒙育成し、上からは新しい知識人、革新的なインテリを中心とする、民主々義的指導勢力の育成を必要とするのである。

韓国近代化の担当者——

韓国民主革命の主人公を探して育成しなければならない。そうして韓国の思想史の主体性に接木した「民主々義の韓国化」を期すべきであろう。韓国資本主義は日帝以来、外来植民主義者たちの利益追求を保障し、解放後には官権と結託した不正蓄財者たちのための利潤追求を幇助して、腐敗、不正の温床となった。東洋的伝統をもった韓国社会の、経済的土台を構築するためには、根本的な経済改革、社会革命が必要であることを、われわれは民族史の鏡に照らして捜し出さなければならない。

韓民族の受難の歴程

Ⅲ　韓民族の受難の歴程

一　民族受難の歴史

われわれの歴史が受難の歴史であったことは、私だけが考える独断ではない。われわれの民族性から見るも、あるいは地政学的立場から見るも、われわれは内部的貧困と外部的圧迫の歴史であった。すでに、われわれの内部的要件——すなわち民族的自主性の欠如が、いかにわが国をして内部的に後進性の脱皮を遅延させ、近代国家の発展に障害を齎らしたかということは述べた。したがって、ここでは、主として外部的な要件、すなわちわれわれを取りまいていた他の国との関係からわが民族が受けてきた受難と苦難の歴史を探ぐってみて、外部勢力によってどれだけ主体性が喪失されたか、風が東から吹けば東へ、西から吹けば西へと漂い、八つ裂きにされた被圧迫と被侵略の民族の悲しい歴程をふり返って見ざるを得ない。

われわれの歴史がもし苦難の歴史であり、被侵略の歴史であるならば、それはきっと地政学的な位置から決定づけられていたといえる。真剣にわれわれがわが歴史をよくよく考えてみて、われわれの地理を吟味してみれば、その条件とその位置の上に苦難と被侵略の文字がはっきり刻まれているということを容易に知ることができる。われわれの地政学的な位置をひろげてみるとき韓半島は三方から肉迫してくる三大勢力の前に、常に包囲されていたことがよくわかる。いいかえれば、西の方には中国、北の方にはソ連と満洲、東の方には日本がすなわちそれであった。

しかし、三方から肉迫するこの三大勢力に包囲されていても、その位置に、もし能動的な力ある者が現われさえすれば、この三者を号令し率いることのできる中心地であり、号令の司令塔であり、支配の干城となり得るのである。しかし不幸にも、われわれの歴史が内部的な貧困と、民族的な自覚と奮起がなかったため、そのような強者となり得ず、そのような強者となり得なかったために、われわれの歴史は受難の板バサミとなり、圧迫の小路となり、被侵略の庭園となった。

中国本土だけを見ても、その内部に強力な国が興ると、いつも外部に延び出て、韓半島にまで影響を与えたものである。概して中国の地政をみれば、盛んな時にはその周囲の幾つかの弱処をその出口に択ぶようになり、北は蒙古に通じ、南は安南、東は山東半島から海路で韓半島に出られるのと、山海関を越え遼東道から満洲へ至る道である。したがって中国本土内で国勢が強くなり人文が盛んな時は、必ずこの出口を通ってその勢力が延びてくるのであった。そして漢族が強力になり盛んになると、韓半島はいつもその侵略の対象から抜けられなかった。扶余時代から李朝に至るまで、常に侵略の蹄にふみにじられてきた。

韓半島の北方にある満洲も、その地は多くの剽悍な民族たちの出没地といえるが、そこで一たん覇気を振るったとなると必ず韓半島を通って南下運動をするのであった。もちろん今でこそ満洲を自然の宝庫として、多くの国が血眼になっているが、人文発達のできてなかったむかしは、寒冷の満洲は、さほど住み良いところではなかった。したがって満洲で興った者が南国を狙って下ってくるのも当然の理屈であつて、わが檀君が南遷したのもきっとそれに違いなく、契丹、金、清、蒙古などの諸国がわが国を侵略したのも、ある意味ではそのようなところにあったのではないかと思われる。もちろんそれらは、小さい韓半島を奪い取ることだけが窮極の目的ではなく、中国を奪う野心があったにしても、韓半島をそのままにしておいて中国本土に浸透していきはしなかった。おそらく戦略上または軍事上、韓半島に手をつけずして中国本土に入ることはできなかったため、韓半島はこれら満洲で興った国々の侵略の受難を常に受けてきた。

百年前にロシアが韓半島を侵略して奪い取ろうとしたのも、その実は韓半島を奪うのが窮極の目的ではなく、韓国を橋梁として日本と東北アジア一帯を掌握しようとしたのが窮極の目的であった。ソ連が、六・二五事変の中盤戦において無惨な敗北を喫しながらも、結局は自分が困るので、ついには義勇軍の名のもとに中共の赤匪を投じてまで三八度線以北を最後まで手放さないのも、言うなれば、このようなところに目的があるものと考えられる。

われわれの近くにある島国日本も、常に韓半島を自己発展の橋梁台と考え、機会あるごとに、われわれをつっついてきた。しかし日本本土は、その規模や地勢が、中国とか満洲には比べるに足りぬ幾つかの孤島から成ってはいるが、それでも韓半島よりは地勢と規模が大きくて良いといえる。また孤島である点が、韓半島にはない強味も持っている。人口の少なかったむかしには、もちろん韓半島から多くの人が移住して行ったけれども、しかし一たんそこへ行ってしまった後は、それ以上行き場のない島であるため、人文の発達がある程度の域に達すると、それが大陸に向かって反動と躍進の波を打ち寄せてくる結果となるのであった。したがってその国が盛んになると、いつもその勢が外部に抜ける出口を探すのだが、その方向はきまって一衣帯水を隔てた韓半島を指向した。もちろんこれも、韓半島を窮極の目的としたのではなく、満洲が狙いであり、満洲が手に入れば中国大陸を思いのままにしようというのが窮極の目的であったようだ。

つまりこのような事実は、新羅から現代に至る歴史が物語っている。これが歴史上に表れた韓半島の位置であった。この位置に立ち受難と侵略を免れようとすれば、強力で逞しい民族でなくてはならなかった。しかしその強力で逞しい民族となるには過ぎた歴史のわれわれの指導階級が惰気と党派心に目がくらみ、民族の結束を固め民族的奮起を呼びおこすだけの歴史的な使命意識があまりにも不足していた。民衆は死のうが生きようが、自分だけが良くなればいいという利己的な考え方に捉われていたため、民族精神をまともに摑めなかった。

国運が衰え到る処で民衆の自発的な義挙（反乱）がおこるのにも拘らず、支配階級と指導者は自分の身分維持にだけ血眼となり熾烈な党争に余念がなかった。ついには乱に因って貴い民衆の人命が失われ国財を蕩尽したうえ文献と芸術文化などあらゆる文化遺産まで失われたにも拘らず、この党争だけは最後まで失われなかったというところに、わが民族の受難の歴史の悲劇があった。

こうしてみればなおさら、われわれの地政学的位置を克服できる内部的な民族の団結と繁栄がなかったことは、不可避的に、受難と被侵略の歴史とならざるを得なかったのである。しかし、このような受難と苦難の歴史、また外部による被侵略の歴史は、数百年、数千年前の歴史的事実だけではなく、今現在までも綿々として続いているその流れをしっかりと把握しなくてはならない。

二　事大外交と韓・日修交の民族史的悲劇

このような受難と苦難の歴史を、むかしだけの話ではなく、すでにわが古代の祖父や父の代にも見られた現実として考えながら、われわれ自身の心構えを新たにしなくてはならない。

前にも述べたとおり、わが韓半島をとりまく諸国の中で、二十世紀の初期において、とくに目立った国はいうまでもなく清国と日本であった。韓半島は地勢と地政学的な理由から苦難と被侵略の悲しい歴史を背負ったのであるが、反面、地政学的な位置のために他の国は西洋文明に接して開国し、近代国家を造成し得たにも拘らず、とくにわが国だけが近代化の恵沢に浴せず、他の国に比べてはるかに遅れをとっていることを知るのである。今日、文明というのはおよそ、その尺度を西洋文明に置いていっていることはいうまでもない。

東洋でも、どの国がもっとも早く、そして有効に西洋文明を採り容れて自分のものにしたかが、そのまま東洋において自国の国力の尺度となり、文明の水準を計る基準となっているということは誰も否定できないであろう。

極東に位置する国の中で、わが国がその幾つかの国と良かれ悪しかれ通交をはじめたのは、最初が清国でその次が日本であった。しかしわが国は、これらの国がみな西洋文明を採り容れて、弓と槍のかわりに銃を持っていたにも拘らず、われわれだけはこの韓半島の一隅にあって世界の変遷も知らず、一番最後までチョンマゲを結い、オンドル（床を石にし火をたいて温める）部屋の中にとじこもっていた、いわゆる鎖攘国であったのである。よその国が近代文明に接し近代化されていったのに、なぜわれわれだけが最後まで取り残されていたのか。

もちろんこの問題についても、考える人によってそれぞれいえることだが、国内的にみるとき、その当時われわれの指導層が変遷する外勢にあまりにも暗く、諸事において消極的で回避的であった根性に基因する要因もあるが、また一方、これまた地政学的な要因によって落差の歴史が展開されたということも感ずるのである。すなわち、いいかえれば韓半島の西洋諸国との接触がなぜこれほど遅れたかということは、見解の相違はあろうとも、だいたい清国がまず初めに開国し、次に日本が開化され、そして最終まで韓国だけが鎖攘国として残されていた理由は地政学的要因から見出すことができるのである。

西洋諸国が、極東方面に通交を求めるうえにおいて、もちろん陸路では不可能であったため、海路にのみ依存せざるを得なかった。この海路を東へ東へ、北へ北へと行って、まず最初に目についたのが中国大陸であり、その次が日本であった。西洋から極東方面に出る船舶はそのほとんどが、中国の南部海岸を経て日本の西海に到着する航路をとったため、中国大陸ではまず広東が交通の中心地となり、ここから北上して日本では長崎がその中心地となった。こうした航路からみても、韓半島の地勢はずっと北に入っているために、航路が広東から北上して北中国、南満洲へと開かれていないわが西海岸にまで、これら西洋諸国の船舶が出入りする機会は少なかった。とくに当時の情勢からしてこの方面は、経済的に価値が少なかったからでもある。韓半島がようやく西洋に知られるきっかけとなったのは、広東と長崎間の海上で遭難し、漂流してきた幾人かの人たちによってであった。このようにわが韓半島が西洋文明と接する機会が少なく、またその時期が遅かっただけに、われわれは、歴史的に取り残された民族となってしまったのである。

それだけではなく、われわれが西洋文明に接するようになるやいなや、われわれは日本勢力の侵略を受ける悲しい民族の受難の道を歩んでしまった。わが民族の受難の歴史は、一八七五年の丙子修交条約（註＝日本との間に釜山ほか二港を開港するという江華島条約）の中からも探し出せる。われわれをとりかこむ国たちは、自国の勢力が盛んになると必ず近隣にある、平和愛好的であったわが国を足場にして大陸進出を夢見るか、さもなければ極東全域にわたる影響圏の掌握を企図したものである。明治維新以後、国運の飛躍的な発展を企図した日本も、その例に漏れなかった。このように自国の国運を飛躍的に発展させるために、わが民族は犠牲の餌になっていたのである。その当時にしても日本は維新後、国威と国勢の目覚しい発展を必要としながら、維新のための国内的整備が完成されず、やむを得ず国内の不安を国外にそらす措置が必要であったし、それを端的に表わしたのが西郷隆盛一派の征韓論であったということは再言を要しない。したがってその当時の日本にしてみれば、自国内の不安を解消しながら国外への発展を企む第一次的措置として、韓半島に日本勢力の扶植を試みるというのが彼らの野心であり、その方法として、「雲揚号」事件を惹き起してうまく利用したのであった。なぜなら、日本は韓国を自己の勢力下に置くためには、まず清国の影響圏内にあった韓国を、日本の手許に移すのが先決であったからである。

「雲揚号」事件とは、日本が一八七五年、雲揚号なる軍艦を派遣して、韓国沿海の測量を口実に江華海峡に迫ったが、途中わが軍の砲撃を受けるやこれに応戦して、ついに草芝鎮を占領した一件である。その当時の西洋における通念からしてみても、あるいは国際法上からいっても、他国の沿海を無断で測量することは、その国の主権を侵犯することであることを知らない日本ではなかったが、維新日本はかかる公然とした海賊行為をもってわれわれを脅したのである。その後この問題を交渉しているうちに、日本は、清国政府の許可や同意なしには韓国朝廷が話に応ずることは難しいと感じ、森公使を清国政府の李鴻章のもとにおくって清国をして対韓説得に乗り出させたのである。このように、全く自分の領土であり、自分の山河でありながら、他の国の御気嫌伺いや、同意を求めた上でなくては国事を決定できなかった悲しい民族と受難の国運を背負ったわれわれであった。祖国と民族の将来が、すべて他国の意のままに決められながら、それに黙従しなくてはならない自主性を失った民族となってしまったのは、昨日や今日はじまったことではない。国があっても名ばかりのもので、周囲の大国に貢物を献上するために追いまわされていた弱少で惨めな民族であった。

それだけではなく、その当時、韓・日修交条約を締結するに際しても、韓日両国の君位号を条約前文に使用する問題においてまで、対外的な事大依存性に因り、国家の外交的主体性がなかったため、いろいろと問題となった。

当時の韓国は、まだ清国に事大の礼をつくしている時であっただけに、清国の皇帝と同様に朝鮮国皇帝と堂々と呼べなかった。そのため日本との条約の際にも「日本国皇帝与朝鮮国王締約」の形で条約文を作成したが、従来から藩国視してきた日本を皇帝と呼び、韓国を王と呼ぶのは耐えられないとして議論を重ねた挙句「韓国政府与日本政府」の形式をとることになり、やっと面目を維持した。

わが国の外交的主体性の欠如については、単に君位号の問題だけではなく、李朝末期における清国、日本、ロシアの勢力角逐の影響下に、国の内部がひどく動揺していた事実を見てもおよそ見当がつくが、韓・日修交にまでもこのような受難と苦難の足跡がみられる。日本との交渉がほぼ完成した後も、これを一々清国に報告するという実情であった。ここでも、自国の事を自国で決定できなかった韓国政府の対清依存性が明白に現われていることを知るのである。前にも述べたとおり、自国の問題を自国独断で決定できなかった悲しい政治的実情から、ひいては日本と条約を締結する上においても、韓国の国際法上の地位が何であったかという疑問が起るほど、その国としての国際法上の地位は甚だ不明確なものであったのである。

したがって、日本としては、韓国が外国との条約を締結をし得る能力がある以上、独立国なることは疑う余地がないとして、この点清国政府の明確な承認を求めたのであった。

その結果、条約第一条に「朝鮮国は自主之国であり日本国と平等権を保有する」とうたって韓国の国際法上の地位を明らかにしようとしたことは、単に韓国の国際法上の地位確立だけではなく、従来の韓国の対日関係における対日本外交の面で差別してきたことを撤廃することによって両国間の平等権の確保をしようとしたのが第一の目的であった。なぜなれば、当時わが国は、清国に対しては事大の礼をとっていても、日本に対しては外交的に差別待遇をしていたからで、明治維新後、日本の国勢が日進月歩その発展が顕著となるにつれ、この問題は常に一つの懸案となっていたものであったため、日本がこの項目でねらったのは、第一には両国間の平等権の確保であり、そのつぎにはこれによって大陸への活路開拓に必要な最初の足場となる韓半島を清国の勢力から分離させようとしたのが彼らの魂膽であった。

三　ロシアの南下政策と韓・米修交の意義

米国がはじめて韓国と通商を試みようとする動きを見せたのは一八四五年のことであった。この年に米下院で韓国との通商条約を勧告する一つの決議案が出されたが、結局不成功におわり、以来久しくこれに対する関心は葬られてしまった。しかし海軍当局では、英仏両国の極東方面進出に常に神経をとがらせていた。

そして一八七八年の秋、米海軍省は軍艦 Ticonderoga 号を Shufeldt 麾下におき、アフリカ西海岸に向かって世界周航の途につかせた。Shufeldt がペルシャ湾を通り香港を経て日本の長崎に着いたのが一八八〇年の春である。その時の Shufeldt が帯びていた使命の一つに韓国の門戸開放があったことはいうまでもない。一八六六年に General Sharman 号が、大同江で焼破したのを契機に翌年の一八六七年には彼が Wachusett 号で黄海道沿岸に来て、朝鮮開国を試図したことのある彼は、この機会にこそその計画を実現させようとしたのは無理もないことである。しかも、彼は海軍省から次のような訓令を受けていたのである。

すなわち、『韓国の某港に寄り、平和的な手段でその国の政府と話合いをせよ。また一八七一年に米司令官 Rogers が江華島を攻撃した事件については充分な説明を要するであろうから、その国の政府に対して適当でかつ宥和的な方法で交渉に臨むことによって、その国の各港湾を米国商業のために開放してもらえるよう、貴官はこの目的達成に格別な配慮を払われよ』

というものである。もちろん海軍省のこのような訓令は国務省の承認を得たものであった。ただ国務省はすでに韓国と修好した日本を介してこの交渉を進めようとしたのである。そのため国務省では、日本駐在の米国公使 Tohn A. Bingham に訓令し、Shufeldt の使命遂行に協力することと、日本外務大臣の私信あるいは公文を韓国政府宛に送ってもらうよう斡旋することを指示した。しかし日本の仲介役割は無駄だった。

ここで問題となるのは、日本がどの程度にこの韓・米間のお膳立てに積極的であったかということである。もちろん、当時の西域諸国と修交することを嫌い、日本との修交条件にも他の諸国からの修交要請の口実とならぬよう保障することを規定したほどであったから、わが国の政府の態度もそうであったが、日本もまたその約束に拘束された点がないとはいえなかった。

いずれにしても、日本は韓・米間の修好に熱意を見せなかった。その理由を結論からいうと、日本はすでに形式的ながら韓半島を清国から分離させた以上、第三者の介入を容認したくなかったのである。米国の国力に押えられ、妨害はできなくとも、対外通交を欲っしなかったわが国の政府の態度を口実にして、至極消極的であったのである。

事態がこうなるや Shufeldt は清国に赴き、李鴻章に仲介の労を求めた。この時に Shufeldt 提督が米国に送った書信の中には次のような一節があった。「日本は韓国の商業を独占しようとするのがその国策である。日本は治外法権をもって韓国を統治している。日本は自国内から外国人の専横を駆逐しようとしており、この方式を無力な隣邦において徹底的に実行しながら、それを外国人にはかくそうとしている」。ここでも Shufeldt 提督が感じたとおり韓・米修交に対する消極的な日本の態度を端的に見ることができるのである。

長崎駐在の清国領事余璃の書信により Shufeldt の対韓通交意思を知った李鴻章は非常に喜んで、天津においてこの問題を対談したいとの招請状を Shufeldt に送った。そして一八八〇年八月二十六日、Shufeldt は李鴻章と天津で会ったのである。

しからば李鴻章が Shufeldt に対してこのような好意を示した理由は何であったのか。これも結論からいえば、第一に、その当時、李鴻章はロシアの南下政策に至極脅威を感じていたのである。Shufeldt のような武将を招いて清国の対露海軍組織とその訓練を診断してもらおうとしたところにある。第二には、韓半島が日本の独り舞台化するのを、遠国であるので領土に対する野心はないと思われる米国をして防止させようとしたことである。

ここでわれわれが忘れてならない最も重要なことは、「Shufeldt・李」会談は、当事者間の直接的な問題をヌキにして開かれたということと、また条約討議において、韓国側の草案というのも、統理機務衙門参謀官李東仁と清国書記官黄遵憲の二人が擬星約稿を基本として清国側が適当に添削したものであったこと、そして韓・米修交を仲介する場合朝鮮が清国の属邦である点を国際公文書に確認させせようとしたことである。

最初に、韓国側の草案によって審議するとき、清国は、その第一条に「朝鮮為中国属邦」という一文をはさもうと努力した。しかし、Shufeldt はすでに一八七六年、日本との丙子修交条約当時、その第一条に「朝鮮国自主之邦」とうたってある以上「中国属邦」を云々とするのは前例にも反するとして米国の強い反対があり、問題が深刻になった。そこで李鴻章も、条約文に属邦云々とするのは不可能であることを知り、条約本文の附属文書で朝鮮国が中国の属邦であることを挿入しようと最後まで努力したのである。

Shufeldt と李鴻章の命令を受けた馬建忠が朝鮮政府との交渉（実のところ署名に過ぎない）のため仁川港に入港したのは五月七日であった。朝鮮朝廷では統 理 機 務 衙 門 申櫶を正使に、金宏集を副使に任命した。交渉がはじまり早速馬建忠は、李鴻章が朝・中両国は宗属関係（註＝主従関係）であることを中外に宣言すべきであり、これをおろそかにしてはならないと云ったことを申櫶に伝えた。申櫶はこの事項は自分の権限に属するので国王と相談の上で決めるべきであるといい、朝鮮が中国に礼従して三百年になるというと馬建忠はこの機会を逃してはと懐中から「照会擬稿」なる一書を出し、それを朝鮮王がじきじき米大統領に伝えるようにといった。すなわち附属書として、朝鮮が中国の属邦ではあるが、内治外交は自己の責任で行う旨を米大統領に宣言させようとしたのである。

こうして一八八二年五月二十二日、済物浦で締結された韓・米修交条約は全文十四条からなり、朝・中宗属関係を表示しようとした条項は削除して、事実上、中国側の草案どおり署名を終え、宗属関係云々は「照会擬稿」をそのまま写して韓国王の名で米大統領宛におくったのであった。結局清国は韓・日条約において宗属関係を明らかにできなかったものを、この機会に間接的ながら明示するのに成功したわけである。

問題はここでとどまらず、修好条約に基いて相互の常駐外交官を交換することになるや、朝鮮王は初代公使に朴定陽を任命したが、朴定陽が親書を携帯して南大門を出て米国に向かおうとしたところを突如清国の抗議にあって城内にひき返したことがあった。清国側の言い分としては、外国に使臣を送りながら清朝に一言も相談がないということであった。これからはじまって、その後朴定陽が駐米一年の間に清国はあらゆる干渉を行い上国としての態度を振まったのである。こうした清国のあがきは、韓半島がすでに世界に公開された国であり、地理的にも各国の注目の的となるにしたがって、従来の名分を現実化させて、しっかり掌握しなければならぬと考えたからである。

一八八二年の韓・米修好を契機として、欧州各国は踵をつらねて修好を求めてきたため、韓半島はさながら俎上の魚のごとき形成となった。一八八二年以後、清日戦争に至るまでは、極東の形勢は至って平和なものであったが、その平和の偽装の蔭にあって韓国政界は運命的な陣痛に苦しんだのである。

またその平和は、戦雲を頭に覆うた平和であった。すなわち韓国政界に親露派が勢力を得て、韓・露条約によって元山を石炭貯蔵所としてロシアに提供するという風説が流れるや英国は一挙に一八八五年四月、わが国の巨文島を占領してしまったのである。これはわが政府の抗議も空しく一八八七年の二月まで占領されていた。この時わが政府は米国政府に仲裁方を依頼したが拒否されてしまった。

以上のような事態だけでも、韓半島が極東の国際政局下において、いかなる状態にあったかを知ることができ、列強諸国の態度も窺うことができるであろう。米国のモゲンソ教授のいったとおり「韓半島がある一国の圧倒的な勢力下にある時にだけ、極東の平和が維持された」というのはある意味からすれば正しかったかも知れない。

しかし、その当時におけるわれわれの使命は、どこの国の勢力下にもおかれない韓半島の完全な独立のみが、極東の平和を維持するということを全世界に証明する、歴史を創造すべき立場におかれていたと思う。清国の勢力はもちろん、日本やソ連の勢力までも退けることのできる国内の民族的団結と指導層の自覚があって欲しかったにも拘らず、国際列強や周辺の新興国家の勢力拡張の足場となり、その犠牲物になってしまったのである。もしも当時のわが指導者たちが、民族国家の発展のため時代的な使命意識を悟り、近代化のための国民の努力と支持を得るための国内的な社会改革に果断であったならば、今日のごとき民族の悲劇の種を残さなかったであろう。

しかし、当時のわが国の情勢は、現実的に自立外交ができる国内的な条件が伴っていなかった。だからといって外部から浸透してくる圧力を防御する力もなかった。このような時に、極東はやがての戦乱を予告する暗雲が漂い、指導者たちはロシアの南下政策におののき、ロシアの第一目的が韓半島の占領にあることを知るや、その対露政策に親清、結日本、聯米国すべきだという傾向が支配的となった。国を奪うために侵略の勢力が虎視眈々としてわが民族を狙っているとすれば、これを防ぐための手段として他の国の力を借りる場合もあるであろう。他の国と同盟を結び、侵略的な勢力を防ぐ方法もあるであろう。真に民族と国を救おうとするならば、日本でも、清国でも、米国でも嫌うことはない。国を思い、民族を思う道ならば、真実、国と民族のための方法ならば、いかなることでも悪いということはない。

ただここで大事なことは、祖国の民族発展に対する責任をもつことのできる主体的精神である。われわれはたとえ韓国の地政学的位置が苦難の場となっており、当時の対外的条約がやむを得ず外国勢力の角逐場となったとしても、だからといって不可避的に、必然的にこの民族が苦難の歴史の道を歩み、外国勢力の侵略の犠牲にならなくてはならないという法はない。

歴史は人間の歴史である。歴史は人間の主体的な努力と意欲によって克服される歴史である国を守ったにしても、失ったにしても、民族文化を向上させたにしても、後退させたにしても、ともかく韓国歴史という地球の一角に築かれた事実に対して責任を負わねばならないものは、ほかならぬわが民族であり韓国の国民である。

もちろん、近来は歴史思想においても環境を重視する主張が目立ち、人間はまるで単純な環境の産物であるかのように考えがちであるが、それは本末顚倒の妄想にすぎない。韓国の歴史についての責任者は終局的には、清国人でもなく、ロシア人や米国人でもももちろんない。わが民族の主体性が失れ、風が東から吹けば東へ、西から吹けば西へと漂いながら侵略を不断に受けた民族史の責任は、終局的には当時のわが民族の運命を事実上背負っていたわが国李朝の指導者たちであった。民族に対する責任意識と主体意識が確固としていたならば、このような悲劇と受難はなかったであろう。だからといって、韓国の自主性と主権を無視して、自分の口に合うように韓国を料理しようとする外国の侵略勢力に対し、それを肯定しようとするのではなく、あくまでもわれわれの歴史は、われわれのものであり、われわれが決定し、われわれが責任を負うべきだということを強調したいだけである。

四　国際的承認下の日本の韓国侵略

韓半島の運命は、第一次および第二次の英・日同盟条約とポーツマス日・露講和条約によって決定されてしまった。かくのごとく韓半島が国際的承認のもとに日本の支配と侵略下に入ってしまったのは第一次の英・日同盟条約（一八九二年一月三十日）の第一条と、第二次の英・日同盟条約（一九〇五年八月十二日）の第三条によってであり、また、米国のルーズベルト大統領が仲介して成立したポーツマス日・露講和条約の第二条ですでにわが国民はもちろん、高宗皇帝をはじめ朝廷も知らぬ間に、韓半島の運命を決定してしまったのである。このような事態に至るまでの極東政局の様相を把握せずしてわが民族が持つ苦難の歴史を知ることは無理である。

その当時、わが民族を取り囲む国際政局は果してどんなものであったか？　当時米国は、まだモンロー主義の甘い夢から覚めきれぬ時代であったが、それでも門戸開放主義なる名分のもとに中国大陸の市場開拓のため、他国に比べて遅ればせながらも勢いを振いはじめたころであったので、世界の覇権はまだ大英帝国が掌握していた。したがって、極東情勢もこれまた英国の政府に左右されていたのが偽われない事実であった。しかし、この英国勢力に挑戦していったのがロシアであったが、ロシアは中央アジアと極東において、英国の利益を脅威していた唯一の国際列強でもあったのである。

英国は、阿片戦争以来、他の列国の先頭に立ち中国大陸に進出しており、そのあとを追って仏・独が登場し、とくに北方からはロシアが南下をはじめた時であった。

この時期においてとくに注目されたのは、日本の新興勢力の躍進であった。そのため英国が日本と同盟を結んだのもそれから間もなくである。そのことについては前章で述べたとおり清・日戦争において日本が勝利を収めた以後のことである。しかし、日本の立場からすれば下関条約で日本が清国から得た遼東半島が露・仏・独の三国に負け、凱戦気分もまだ覚めやらぬうちに再び吐き出してしまい、その上、遼東半島と清国領を前記露・仏・独の三国が共同で分割占領しようとしたので、それまで孤立政策に一貫していた英国も、極東における杖を探さなくてはならなくなった。

露・仏・独の三国の団結は極東情勢を一変させるおそれがあったのはいうまでもなく、中国大陸においての英国の利益が侵害される可能性も濃くなっていたのである。単独では、露・仏

・独の三国に敗北を喫し、血で得た領土を吐き出してしまった日本も、清・日戦争でその実力を認められているので、強国である英国の同盟国となる資格は充分にあった。とくに露・仏・独の三国に対する共同防衛の立場からしても、またはその利害関係からしても、英・日両国が同盟を結ぶということは極く自然なことであった。

英国が日本と同盟を結んだのは、大陸、とくにロシアの圧力に対抗するうえに清国が、あまりにも無力であったためとみられる。また露・仏・独の三国が団結することに驚いた英国が、日本を抱えこむためには、それだけの代価を日本に払わねばならなかった。つまりこのような立場にある時は、国際政治社会によくあるように、強国は他の弱少国の犠牲によって同盟を結ぶか、さもなければ戦争を回避するのは、古今を通じてかわらない常套的手段である。

この英・日両国が利害の一致点から成った英日同盟は前述したごとく韓半島を犠牲にした。すなわち第一次同盟条約では「両当事国は、清国と韓国の独立を相互認定し、両国は、いかなる第三国の侵略的勢力をも認めないこととする。しかし、英国の清国に対する特殊利益に鑑み、日本が持つ清国に対する利益に加えて日本国は韓国において特別な通商および産業上の利益に準じた政治的な利益関係を持つことを認め、したがって清国もしくは韓国において混乱が生じた場合には、この利益を保障するために必要な措置を取ることを相互承認する」と規定したのであった。この規定で知るとおり、韓国の独立を承認しながら、一方では韓国に対する日本の内政干渉を同時に設定したとみられる。

概して他国の独立を認定云々すること自体だけでも、わが国としては決していい感じを受けていなかったところへ、独立認定と同時に内政干渉を設定するということは、二律背反も甚しいものであった。かかる例は強国によく見られるものであることをわれわれは知っておくべきである。と同時に、これはわが民族や、わが韓国政府の意思とは何等関係もなくできたということは重大なことである。

こうして締結された英・日同盟は、露国に対する大きな脅威となった。したがってロシアは、数年前に露・独・仏の三国が団結して、日本が占領した遼東半島を奪還した時のように、こんどもこの三国をもって英・日に対抗するつもりであった。しかし独は手を退き露・仏だけが英・日同盟に抗議する声明書を発表した（一九〇二年三月十六日）。しかし露・仏がこのような抗議をしたけれども日本は意に介することなく、大英帝国なる強国と同盟国になった好機を利用しながら、米国の財政援助を支えとして対露戦争の準備に余念がなかった。

一方ロシアは、遼東半島から日本を撤収させる口実のもとに、満洲一帯に駐屯する軍隊を撤退させず、そのうえ清国政府に対して七カ条の新たな要求を提示するに至ったのである。この要求の中には、満洲のどの部分をも、他国に租借、譲渡または売却しないことと、満洲の新港湾および都市を開放しないことなどを含めたものであるが、清国の門戸開放を大きな目標とする英・日・米などがそのようなことを坐視しているはずがなかった。早速、英・日・米の三国は、ロシアに対して抗議したが、ロシアはこの抗議を考慮するどころか、かえって一九〇二年四月、韓国に対して、一八九二年に得た森林利権の行使を通告し、五月上旬には鴨緑江口の竜岩浦一帯を占領してしまった。ロシアの態度がこのように急進したのは、ロシア国内にある主戦派の勢力が増大したことを意味しており、それは大ロシア帝国の終幕を促す結果となったことを、われわれは知るのである。

ロシアのこのような積極的な南下政策に対し、最も切実な領土の利害関係にあった国は、すでに韓半島を自分の勢力下においていた日本であった。その次は、中国本土に資本を投じて商品市場を維持しようとした英国であり、米国は清国における市場開拓におくれをとったため、満洲方面への進出を企てていた。この英・日・米の三国は、大ロシアの南下防止という同一な立場からして、日本を先頭に立たせて戦争の火ぶたを切らせたのが一九〇四年の露・日戦争である。

露・日戦争は、いろいろな点からして意義のあるものであった。韓国の立場からみれば、今までに続けられていた露国の勢力が、この戦争においてロシアが敗北し、日本が勝利したことによって、韓国の完全な支配権が日本に移譲されたことである。

開国以来、開化党の中でも、親露、親日の両派の争いが絶えなかったが、ロシアの敗北によって親露派の勢力は国内から完全に姿を消してしまった。日本としてみれば、露・日戦争は二度目の大戦で、一八九四年の清・日戦争はある意味においては失敗したともいえるが、この露・日戦争でそれを挽回し、その実力を英国に認められ同盟を結ぶようになったもので、いわば、この戦争は日本をして大帝国を築く足がかりとなったのであった。またこれによって日本は、世界列強の隊列にも参与する資格を得られたのである。

次に英国は、これによって二年前に英・日同盟で期待した政策目的を充分に達成し、米国は前述したごとく自国資本進出の階段として満洲に対するソ連の勢力を防ぐための露・日戦争に必要な財政援助を日本に提供したのであった。つまり、栗を、日本人の手で焼かせ、焼いた栗を米国が食べられるもののように考えていたのである。

このような政治的裏面のあった露・日戦争は、ルーズベルト大統領の積極的な仲介によってポーツマス講和条約をもって終止符を打ったが、これに先立ち、英国は戦勝国日本との関係をより密接にしようとしたのであった。つまり、日本が英国と同盟を結んだお蔭で戦争に勝ったのであるから、ロシアがいずれ報復することを考え、英国が第一次同盟当時に要求して日本の反対のため挫折した同盟効力発生地域圏を、英国の生命線であるインドにまで拡大させた。そのかわり、その代価として、英国は韓半島の処分権を日本に完全に一任したのである。もちろん戦勝国である日本は、たとえ最初のうちは対露宣伝目的が韓国の独立維持にあったとしても、韓半島に対する支配権の要求は当然彼らにあり、英国は日本の国力を対露政策に利用するため韓半島を日本へのお供物として与えることに同意したわけである。

これがいわゆる第二次英・日同盟であり、韓国については第三条に「日本は韓国において政治的、軍事的、経済的な面での絶対的な利益権を持つもので、英国は日本が韓国に対する利益権を維持し、それを増進する上に必要かつ適切と認める指導と統轄保護を取ることを承認する」と規定して、わが国が日本と乙巳保護条約を締結する前に、すでに英国は日本に対し、保護権を保障したのであった。もちろん露・日戦争中、韓国は日本と同盟を結び、日本の戦勝のためのあらゆる犠牲をも甘んじてきたのであるが、弱少同盟国に対する報酬が、わずか保護権の設定に過ぎないものであつたことは、後代のわれわれにとって多くの教訓となった。

まだ戦争も終わらぬうちから同盟国の英国と約束を受けていた日本は、ルーズベルト大統領の仲介でなったポーツマス講和会議においても同じ保護権の要求を固執し、米国もこれを支持する立場にあったため、露・日講和条約第二条に関する用語までも、前記の英・日第二次同盟条約をそのままうつしておいたのであった。こうしてできたのが一九〇五年のいわゆる乙巳保護条約である。ここでしばらくルーズベルト大統領の当時における極東政策を探ぐってみると、ルーズベルト大統領が、露・日仲介をした理由は、戦争中から論議のあった露・日間の直接交戦を防ぐことによって、相互の敵対行為が何ら同盟関係を持たない米国の利害を侵害する方向に解決されるのをおそれて、すでに英国とは同盟関係になっている日本に好意を示そうとしたのであった。当時、米国のルーズベルト大統領がデプト長官にあてた電文の中で、米国は日本の韓国統治権を黙認するのもやむを得ない、といったことだけでもわかる。これは米国が、韓国および満洲における市場開拓に参与するために努力を傾注していたものである。かかる米国の政策は、講和直後になした満洲鉄道の設置要求と、一九〇九年のノックス米国務長官の満洲鉄道中立化案に見られる。

しかし、この満洲問題をめぐって日本と米国の対立がはじまり、ついに第二次大戦にまで至ったのである。日本は野欲的な行動をもって韓国をふみにじり、それだけでは飽き足らずもっと広い領土にまで無惨な侵略の魔手を延ばしていったのであった。この日本の野欲的な行動は結局、米国ならびに英国をはじめ他の列強から糾弾を浴び、ついには第二次大戦の悲劇を惹き起し、敗戦の苦杯をなめたのであるが、これは歴史的な一つの真理であった。

五　魔の三八度線と韓国の運命

三八度線は、一九四五年九月二日附（韓国民に対する布告は九月七日）のマッカーサー司令官の「一般命令第一号」によって設定されたものであるように思う層があるが、これは当時の米国務次官ウエブ氏の、米下院外交分科委においての証言を信ずるところに基因するが、事実はヤルタ会談で米・ソの南北韓占領が決定されており、具体的な占領境界線を三八度線と劃定したのはポツダム会談であったと推定される。その根拠は、ヤルタ会談の内幕をのぞいてみればわかるので、一九四五年に発表されたヤルタ会談に関する外交文書を探ぐってみることにする。（ここでは、合同通信社調査部訳「ヤルタ秘密協定」を参考にした）米大統領秘書室の保管文書の中に、同会談に臨む米国としての韓国問題に関する国務省の暫定的な見解を討議進行に至るまでの案と決める旨を発表しているが、それを略記すると次のようなものである。

〔韓国問題に関する連合国相互間の協議議題〕
一、韓国に対する軍事占領に参与する国家
二、韓国に、過渡的国際管理、行政機構または信託統治を決定した場合これに参与する国家
〔討議〕
（一）中国およびソ連は韓国に隣接しており、韓国の諸問題に関して伝統的な利害関係をもっている。
（二）米・英および中国は「カイロ宣言」において、適当な過程を経て独立させることを約束した。
（三）ある単一国家による韓国の軍事占領は、深刻な政治的反応を惹起させるかも知れないソ連が単独で駐韓軍政の責任を負うようになった場合は中国が、また反対に中国が負うようになった場合にはソ連が、それぞれ賛成しないであろう。したがってわれわれ（米国）は、次のような見解をもつものである。すなわち韓国における軍事作戦が完了すれば、ただちに占領、軍政は中央集権的行政原則に基いて、なるべく連合各国の代表が派遣されるべきである。つまり、（一）は省略（筆者）して、（二）ソ連の対日戦参加は、韓国にソ連軍の進出を招き、それは占領軍の構成を決定する重要な要素となろう。
（三）韓国に対するソ連の伝統的関心は、たとえソ連が太平洋戦争に参加していないにしても韓国の軍事占領には参与する可能性を含んでいる。

次に信託制度もしくは過渡政府が樹立される場合でも、米国・英国・中国およびソ連は、当然同過渡政府において積極的な役割を持つようになる。極東においてのソ連の立場からしてソ連の太平洋戦争参加如否はさておき、同過渡的国際管理（信託統治）に、ソ連の代表を参加させることは有利となる。

以上は、当時ヤルタ会談に臨む米国側の態度を要約したものであるが、ここに表われていることにつけ加えていうなれば、ルーズベルト政府は、第一には、ソ連が対日戦争に参加すれば、ソ連軍の韓国進駐は当然のもので、したがって戦後信託統治となつても積極的な役割が期待されたこと、第二には、たとえソ連が対日戦争に参戦しなくても、ソ連は伝統的に関心を持っている関係上韓国の軍事占領に参与するようになることを認め、信託統治においてもソ連代表を参加させた方がむしろ有利であると考えたのである。ルーズベルト大統領は終戦前夜の戦況を誤つて判断することにより、対日戦争に対するソ連との共同作戦の必要性にのみ没念していたのであった。

このような態度で臨んだヤルタ秘密会談で、当然三八度線が論議され、これに関連する韓半島占領に関する討議と合意があったということは疑う余地もない。

ただ同会談において、明らかに三八度線を劃定したかどうかについては疑問である。しかし当時のソ連は両面作戦が困難であることと、日・ソ中立条約を楯にして、対日参戦の決定を遅延させていたのであるから、参戦を決定したポツダム会談において、あるいは三八度線を占領境界線として確定したかも知れない。つまり、フランスの外交史学者トロッセル氏がいっているとおり、ヤルタ会談では、南韓を米国が占領し、北韓はソ連が占領する――ソ連が参戦した場合――ということにだけ合意を見たけれども、実際にソ連の参戦が論議されたポツダムの頂上会談においては、おそらく具体的に三八度線の軍事占領境界線が確定されたことは間違いないと云ったことは注目されるべき点である。

「三八度線」は政治的に考察してみると、わが歴史上、すでに論議された前例もある。すなわち帝政ロシアと日本が、露・日戦以前に、三八度線または三九度線を境界とする相互勢力の範囲を劃すべきだとする交渉をしたことがある。したがって、この時にもこのような歴史的経験が考慮されたに違いない。

以上で概略わかったとおり、三八度線は単に米・ソ両軍の駐屯占領を目的としたものではなく、当時の中国と満洲および韓国を含む米・ソの極東大作戦地域の中で、唯一の固定的な作戦境界線として決められたとすれば、三八度線の設定は本質的に「軍事的」なものであったという結論を下すほかない。このように、三八度線が軍事的性格を帯びたものとして考える時、米国の対韓政策が、米軍当時から大韓民国政府樹立、六・二五に至るまでのわが国戦後史に重大な影響を与えたといえる。

したがって、八・一五解放後、韓国の運命を決定する米国の対韓政策というものも、その核心的な性格においては「軍事的」であったということである。それでは、いつこの軍事的政策が解消されるかということについては、米・ソ間の韓半島に対する、または極東全域の情勢に対する軍事的利害関係に合意を見ない限り、これは解消されないものと見ざるを得ない。もちろん、第二次大戦後今日に至る戦後史から見れば、韓半島に関する考慮は、終戦と同時に軍事面と政治面が重なっていたことは事実である。すなわち軍事境界線としての三八度線は、帝政ロシア以来不断に南下政策を希求してきたソ連が、韓半島において、すくなくとも自国の軍事作戦地域としての地位が脅威されない政治的秩序の樹立を通じて、思想的侵略手法を用いてまで極東赤化の土台づくりを成したが、米国は対日作戦と占領後の整理に没頭していたため、このようなソ連の偽装的侵略に対備する余裕がなかったといえる。その証拠にはモスクワ三相会議において韓国を論議しながら、最も利害関係の密接な中国の参加を拒否したことと、また同会議で設置された米・ソ共同委員会が、両軍の韓国駐屯国司令官によって構成された点は、韓国の独立が齎すところの米・ソ双方の事情に対する影響を充分に考慮した上で、軍事面に影響のないよう問題を解決するといった原則的立場を固定させたところからもわかるものである。

もっとも、その時はヤルタ秘密協定で旅順港がソ連の軍港として使用することに決められた以上あるいは米国にとって大きな脅威となっていたようである。

もし満洲をソ連の勢力圏内におくとしても、中国大陸または中国沿岸地域は、ソ連の進出を防禦し、それを確保しなくてはならなかったのであった。したがって三八度線は、中国大陸と満洲においてまだ確固たる勢力関係が固定されてない時であっただけに、一つの基準的な役割を果したのである。当時米国が国民政府を援助して、中国沿岸における中共掃蕩に重点をおいたのをみても、中国沿岸と南韓を確保することによって、黄海の制海権を確保し、日本および太平洋の安寧を期する目的であったといえる。

しかし、問題の焦点となるのは、米国が日本を極東における民主々義の防波堤とし、韓国と満洲は二次的な考慮対象となっていたことである。

ソ連側にしてみれば、北韓の維持は南満洲および黄海への出口の安全を図る上に、絶対的に必要な前哨地であったのである。以上からみた韓半島は、米・ソ双方に対する考え方の性格が、軍事的であったことと、とくにソ連にとっては、極東進出と政治的膨張を図る好機となったのである。

米国としては、伝統的に中国大陸に対し門戸開放政策をとる腹で、ある一カ国の排他的な支配下に、ましてやソ連のごとき共産支配下に、中国大陸をおめおめ手放してやるわけにはいかず、これを実力をもってでも対抗せざるを得なかったのである。

米国としては、中国大陸が共産化されることは、米国の極東政策からみて、むしろ第二次大戦当時、米国が参戦するようになった時の事態よりも重視されている事態であるといえる。このような関係から、われわれは米国の対日政策と対韓政策を考えなくてはならない。また三八度線をめぐる米・ソ関係は、韓半島を中心として考えた場合、ソ連側にはるかに有利に展開されており、三八度線以北の北韓地域に傀儡政権を樹立し、これをふみ台にして太平洋進出を企むことができることだけでも足りたわけである。われわれは、日本占領に専念した米国が、韓国の半分を抛棄した結果は、わずか五年後に六・二五の動乱によって莫大な負担として報いられた点を考えれば、三八度線にからむ韓民族の運命は、もっと深刻なものがあり、共産侵略の前兆が、すでに祖国解放と同時にあったことに、民族的自覚が促求されるところまた大きい史実であったと考える。

六　韓国動乱とUN参戦十六カ国

国土分断は間もなく同族相争の悲劇を招いてしまった。国土の分断を利用して南韓はもちろん極東全域にわたる共産主義の勢力拡張の足場とするため、共産主義者たちは武力をもって大韓民国を顚覆しようと侵攻してきたのであった。

すでに述べたごとく、三八度線は、米国としては政治的な分割線というよりも、はじめは軍事的な分割境界線という性格の方が強かった。日本降服を規定した布告文を見ても、三八度線を韓国の恒久的な政治分割線としてではなく、軍事的な作戦区画線として考えた傾向が強かったことを知る。したがって最初から米国は、三八度線による韓国の永遠な政治的分割を企図していなかったけれども、ソ連軍司令官は、北韓地域に対する彼の権限において、同区画線を軍事的な境界線としてのみではなく、これを南北韓の政治的境界線として拡張解釈し、韓国の正常な社会的、行政的な関係を分裂させ、追っては政治的に韓半島全域にわたる共産化を間断なく企図してきたのである。

かかる野心を抱いているソ連を相手に、南北統一政府樹立についていくら交渉を重ねても、それが徒労にすぎなかったことは自明の理である。一九四五年十二月のモスクワ会談で、米国、英国およびソ連は、統一韓国政府樹立のための協定に合意をみており、その後中国もこの協定に参加して、この協定が基礎となって米・ソ共同機関の設置をみたのである。その後、米・ソ両軍司令部の代表によって構成された米・ソ共同委が開催され、南北韓に関する緊急な諸問題を検討し、行政的、経済的な問題について、両司令官の恒久的な調整を図る方法を講ずることになったのである。しかし、もともとソ連の意図が別なところにあり、米国と立場を異にした関係上、意見の一致を目指すことは不可能なものであった。米国代表は、両断された韓国を統一させるべく努力したが、ソ連側は、韓国問題を行政的に完全な別個の地域間における単なる交換と調整に関したものと考えていたのである。かくのごとくに両側の意見が大きく開いていたため、同会議で合意を見たものは、書信交換、放送周波数の配定と、軍の連絡など細かいものに過ぎなかった。その後、民主々義的な臨時韓国政府樹立を図る措置がとられ、米・ソ共同委員会の第一次および第二次会議を開いたが、これも韓国の統一を見られぬまま決裂となってしまった。とくにモスクワ協定の信託統治条項について韓民族の自主性と主体性を無視したとして、全国民的な反対抗議——これは共産支配下の北韓同胞たちもそうであった——を展開したのである。その当時のことを考えてみると、最初のうちは左翼分子たちも反対抗議をしたが、ソ連の国際共産主義者たちの指令を受けるや、一朝にして反対から賛成へと手のひらを返したのである。

いずれにしてもソ連側は、韓国人の大多数の意見を無視して、韓国の臨時政府樹立の手続きにおいて、モスクワ協定の全条文を全面的に支持した韓国の政党、社会団体に限りその委員会の協議対象にすべきだとの立場を取ったが、かかるソ連側の戦略はモスクワ協定の信託統治案を反対する大多数の韓国国民と民族主義勢力を無視して、信託統治に反対しなかった少数の共産主義者たちを優位な立場におこうとしたものであった。米国はたとえモスクワ協定に相互が同意したとしても、モスクワ協定そのものが韓国に関するものであり、韓民族に関するものである以上、あくまでも、韓国民は同協定に対する意見を表示する権利を有することはもちろんのことで、ソ連側の立場を受託することは言論の自由と民主々義のルールに反するものであるという見解を発表した。ソ連は南韓までも赤化を可能にする統一韓国以外のことは、およそ眼中に何もなかったのである。かくのごとく韓国人の意思を無視して、韓半島を共産化せんとしたソ連共産側の固執に因って、ついに米・ソ共同委員会の討議状況に関する共同報告書についての合意もみられずに終ったが、このように、米国は、韓国の民主々義的独立政府の樹立を企図する目標を、共同委員会を通じての交渉では達成できないものとあきらめ、ソ連・英国および中国に対し、モスクワ協定を早急に実施する方法を講ずるため、同協定関係の四カ国会議開催を提案したのであったが、ソ連はこの会議すら、モスクワ協定の範囲に属するものではないとして同提案を拒否してしまったのであった。

米国は、モスクワ協定の枠内でそれ以上ソ連と交渉をすすめることは無駄であることがわかり、また両大勢力が合意に達しなかったため、韓国民の独立に関する緊急かつ正当な要求をそれ以上遅延させるわけにもいかなかったので、一九四七年九月十七日、韓国の独立に関する諸問題を国連第二次総会に提起し、十一月十四日総会は韓国独立の手続きを規定する決議案を採決したのであるが、その決議案の主なものは次のとおりである。

① 政府樹立問題の討議に参加するため選出された韓国国民代表らを招請すべきである。この参加を促進するため、また、韓国民代表者が、事実正当に韓国民によって選出され、韓国に駐屯する外国軍隊によって任命された者でないことを保障するため、韓国に派遣され韓国全域にわたって施行することができ、監視することができ、また協議する権限が賦与されているところの九カ国から構成する国連臨時韓国委員団を設置すべきである。

② 韓国民の自由と独立を早急に成就させるため、同委員団が協議できる代表者を選出し、同代表者たちをして国会を構成させ、韓国政府樹立を実現させるため、一九四八年三月三十一日以前に韓国において選挙を実施すべきである。

③ 選挙後、なるべく早く国会を招集し、政府を樹立した上で、これを委員団に通告しなくてはならない。

④ 政府樹立と同時に委員団と協議の上、自衛の国防軍を組織し、これに含まれないすべて

の軍事的あるいは半軍事的組織体を解散させ、南北の軍司令部および民間当局から政府の諸機能を引受けられると思われる早急な期間内に、なるべく九カ月以内に、占領当局の軍隊を完全に撤退させるため、占領国は協議する。

⑤ 委員団は、事態の進展に鑑み小委員会と協議できる。

⑥ 関係加盟国は、委員団の任務遂行に必要な協調と便宜を提供すべきである。

このような諸勧告を実行するため、あらゆる努力が傾注され、ほとんどの勧告事項が実践にうつされていったのである。

一九四七年十一月十四日、総会の決議によって設置された委員団は、統一政府樹立のためソ連占領下の北韓に赴こうとしたが拒否されてしまった。しかし、総会はソ連の反対により全韓政府樹立のための南北韓の総選挙が不可能であれば、南韓だけの選挙も可能であるとの見解をもっていた。一九四八年二月二十五日に採択された総会の決議によって、UN臨時韓国委員団は、全韓国にわたる選挙の監視に当ること、もしそれが不可能である場合には委員団の接近可能な地域において選挙監視に当ることを決めた。こうして、やむなくUN監視のもとに南韓だけの選挙が実施され、それによって大韓民国政府が樹立され、一九四八年十二月十二日、第三次UN総会において、大韓民国だけが合法的政府であることが承認されたのであるが、その当時の決議文には、「臨時委員団が監視と協議のできた地域に対し、有効な支配権と管轄権を持つ合法政府（大韓民国）が樹立されたのであり、……また同政府は韓国において唯一の合法政府であることを宣言した」とうたってある。その後米国をはじめ四十数カ国が韓国を合法政府として承認した。

しかし、北韓の傀儡政権は一九五〇年六月二十五日未明、国際共産主義者のあやつるままに大韓民国に向かって全面的な武力侵攻を敢行し、韓半島全域を赤化する目的で、血生臭い同族相争の戦乱にひきずっていったのであった。

大韓民国に対するかかる攻撃は、平和を破壊する侵略行為と看做され、共産軍の敵対行為の中止と三八度線までの撤収を要求する決議案が通過し、同決議案の執行においては、国連に対してあらゆる援助を提供しても、北韓集団に対しては援助しないことを促求した。とくに北韓傀儡集団の侵略が、秘密裡に早くから綿密な準備をしており、計画的で組織的な攻撃であったことをあらゆる証拠が立証していることがあばかれたのである。南韓の赤化を企図し、かつ計画的な侵攻行為を敢行した北韓傀儡集団は、かかる国連の決議など問題にしなかったのである。そこで米軍をはじめとする国連決議に基いて北韓の侵略軍と戦うため、国連の十六カ国が韓国に参戦することになり、共産軍を打倒して大韓民国に対する各種の援助をより効果的に利用しながら、大韓民国の防衛作戦を統一化するため安全保障理事会は七月七日に七対〇、棄権三、欠席一によって軍隊とその他援助を提供する国が米国の指揮する統合司令部に結集することを要求する決議案を採択したのであった。米国をはじめ関係会員国は、同決議に対して直ちに従い、マッカーサー将軍が国連軍司令官に任命され、米国のほかに十五カ国の国連会員国が、統合司令部に軍隊を派遣し、また五カ国が医療班を派遣させるなど、その他多数国が各方面からの援助を惜しまなかった。

したがって国連史上、はじめて国連旗の下に不法侵略軍に対抗する共同作戦に参与したのであり、中共軍の大量介入――ソ連軍の支援のもとに――によって魔の三八度線がそのままになっているが、不法侵略行為は必ず撃退されるという人類史上に新しい希望と象徴をつくってくれたのであった。もし、その時、国際共産主義の勢力の侵略行為に対して共同戦線を張ることができなかったとすれば、極東の平和はもちろんのこと、共産主義の膨張した勢力が、また他の平和な国に侵略の矢を放ったことであろう。

とくに、大韓民国が六・二五動乱のため全民族が共産主義の掌中に入ろうとした危機を、物心両面から支援し救ってくれた国連会員国らの功績は人類史上大きく一ページを画することであり、また全世界の自由民にとって大きな希望となることであろう。わが韓民族にとってわれわれの自由と平和と独立のため、北韓共産侵略軍および中共侵略軍と闘ってくれた会員国は、血で結ばれた真の友邦であり、わが民族史から永遠に忘れられない壮挙であると私は確信する。

「血の陵線」で、「鉄の三角地」で、「臨津江の戦闘」で血を流した人たち、そのほかにも、国民たちに知られていない戦場で、われわれと肩を並べて闘い、そして血を流してくれたその人たちこそわが国の恩人である。その人たちが韓国に参戦したことは、金儲けのためでもなく領土欲からでもなく、わが国民を支配するためでもなかった。ただ、ひたすらに平和のためであり、自由のためだった。わが国民は、何ら代価を欲しないその人たちの英雄的な行為が、わが民族と国家の血となり肉となったことに感謝しなくてはならない。

六・二五動乱を契機として国連参戦国が、韓国の独立と、その国際的地位を高めてくれたことは特記すべき事実ではあるが、最近に至り対日関係によって造成される少なからぬ変化が生じＵＮと米国の極東政策には新しい局面が展開されている感なきにしもあらず、われわれの注意を喚起している。

七　新米・日防衛条約と韓国の外交的位置

米国の極東政策を、韓・米・日三国の直線上から見れば、一九五一年九月八日「サンフランシスコ」で署名した第一次防衛条約を中心として、これと前後した時期を区分して考えることができる。この全期間を通じて、この地域は米国の単独行動地域、つまり極東「モンロードクトリン」地域という点から一貫した政策が遂行された。しかし、対日講和以前には、極東政策においての日本の役割は政治的には空白状態にあったが、韓国戦争を契機にして、兵站基地としての日本の重要性が急激に高まるにつれ、米国は終戦後まだ日本が講和以前の状態であったところから、これをそのまま軍事基地として用いる場合生じてくるいろいろな問題を考慮して、「ソ連」の反対を押し切ってまで講和条約を締結すると同時に、前記の第一次防衛条約を結んだのであった。これで日本は国際法上の地位を正常化し、消極的ながら日本をして、対共軍事上、米国の極東政策に坐を占めさせたのであった。

したがって、不完全ではあるけれども、日本の国際法上の地位が合法化され、また極東国際政治の一要因として登場できた点で、韓・米・日三国の立場から見れば、その意義は大きいものである。またこれに足並を揃えるかのように韓国戦争は、すでに日本の経済回復に重大な寄与をしており、日本はこれを足場として次の発展を期する契機をつくったわけである。

歴史的に日本の富強は、故意的であったにしても、偶然であったにしても、必ず韓国の犠牲を必要としており、終戦後までも日本再興に必要とされたのは、わが民族としては余りにも逆説的である。なぜならば韓国を前方とする兵站基地としての日本は、軍事産業または軍事景気を中心にして発展していったからである。

しかし、米国の極東政策はその世界政策の一環である。とくに世界政策上の米国の経済的地位が、同盟国の積極的な参与を必要とするようになるや、欧州では西ドイツを、極東では日本を従来の消極的地位から抜け出させ、積極的に自由陣営体制の強化を図るために米国の双手として登場させたのである。これが一足先きの西ドイツのNATOへの加入と、日本の新米・日安保条約で表示されたのである。

一九六〇年一月十九日に署名した第二次米・日安保条約は、たとえそれが形式は一九五一年のものに修正を 加えたものではあるが、 実質的には、 新しい立場から 再調整された同盟条約といえるものである。したがって、われわれはここでしばらく両者を比較して見ることにする。

第一次のものは、前文および全五条からなり、主な骨子は日本が米国に基地を提供し、米国軍隊の駐屯を容認することと、この駐屯軍に対して適当な便宜と特権を認めるものである。これに比べて第二次条約は、前文と全十条からなるもので、骨子は前とは異って一方的な米軍駐屯権と基地供与に加えて、積極的に軍事的な協力を約束し、進んでは典型的な軍事同盟体制を整え、日本の防衛だけではなく極東の防衛と経済協力までも約束している点にわれわれは関心を持つものである。また伝統的な軍事同盟とは異り、その有効期間を十年としてあるのも、これが単なる軍事同盟にとどまらず、米・日が共同によって極東における軍事的、経済的に共産勢力を防禦できるようにしようとするところに真の狙いがあるのではないかと思われる。かかる意味において、この新安保条約は次元を変えた構想であるといえる。

それを重要な条項を挙げて説明すると、第三条の「締約国は個別的に、または相互協力による継続的でかつ効果的な自助と相互援助によって、武力攻撃に対する各自の能力を………維持し発展させる」という規定である。ここで、「継続的かつ効果的な自助と相互援助」といったのは、一九四八年六月の米国のNATO参加問題をめぐって米国上院の審議において、上院議員バンデンバーグ（Vandenberg）の提案した「継続的かつ効果的な自助と相互援助の原則」（Principle of Continuous and Effective Self-help and Mutual Aid）のもとにのみ参加し得るという決議案で、これをよく「バンデンバーグ決議」とか、「バンデンバーグ・プリンシプル」とかいったのであるが、これは米国の平時同盟体制に懐疑を抱く議員たちに対する宥和策として用いられたのが、漸次一般的な米国の同盟原理に用いられてきているのである。

この条文によって、日本は本格的に軍事能力の維持発展と両軍備体制の強化を約束したのである。軍事力の維持発展は、必然的に軍事産業につながり、ひいては日本経済の軍事化を招くようになるものである。日本の最近における経済成長を見ても、消費水準を無視した製造工業の畸型的な発展と、消費財生産より生産財生産が約三倍も上回る指数を示しているのは、すなわちこれを立証するものであり、尨大な新しい市場開拓が実現されるか、さもなければ、このような製造工業と生産財生産は、そのハケ口を軍事的な方向に求めなくてはならなくなるのである。かかる事態は、弾丸ひとつ自分の手で製造できないわれわれにとっては、大きな関心を持たざるを得ず、軍国主義は日本侵略の記憶が今更のように新たになるのを如何ともしがたい。

次に、第三条の末項にある「締約国は、国際経済政策において相互衝突を避けるよう努力し両国間の経済協力を促進する」という規定である。

今日、自由世界における最も重要な問題の一つは、商品または資本輸出市場の競争である。最近、これを象徴するものとして英国の「欧州共同市場」加入問題と、少し前にあった、類例のない「米・日箱根会談」である。市場問題は自由世界の対共産勢力としての行動統一と団結を阻害する最も重要な問題である。

ところで、米・日両国の経済政策の調節と経済協力なるものは何を意味するか？　箱根会談後の共同声明によれば、日本政府は、日本国内における保守勢力が、今後少なくとも新米・日防衛条約の有効期間中またはそれ以上に長期にわたって執権するためには、現在かかげている国民所得倍増計画が実現されなくてはならないし、そのためには、対米輸出の増加と、その他の地域への通商拡張を切実に必要とすることが要求されたが、これに対する証拠として、対共産圏貿易、とくに伝統的に日本の重要市場であった中国大陸との通商を要求する日本国内の与論を持出したのである。したがって米国としては、日本に対し、なるべく中国大陸に代わる市場開拓の斡旋をせざるを得なくなるわけである。

これに関連して、以前、米上院議員であり民主党院内総務であるマシク・マンスフィルド氏の「極東報告書」を注意してみる必要がある。氏は、同報告書の中で、日本は米国の輸出市場であり、余剰農産物において第一の市場であることを述べ、日本は現在米国との貿易上、大きな逆調の状態にあるが、米国としては、だからといって日本商品に対する関税障碍を解除するわけにもいかず、隣接の東南亜諸国にその市場を開拓させねば、日本は国内における自由秩序、すなわちいまの米国との友好関係を納得させうる政治秩序が維持され難いと述べている。つまり米国との同盟と、基地供与を受諾できる政権を日本で保持させるためには、現在の繁栄を維持する程度だけでは不足するもので、今後、日本資本の隣接諸国への流出の門戸を切り開いてやるべきだと主張している。

氏はこれにつけ加えて、日本経済が、隣接諸国と東南亜に流通されないのは、この地域において、米国はもちろん英国ならびにドイツと競争しなくてはならぬ点もあるが、とくに、これらの地域における反日感情と、またこれら諸国がみな独立している関係上、むかしと違って国民主義的経済政策をたてているからであるといっている。これはわれわれに多くのことを示唆している。

去る十一月初旬の箱根会談の共同声明の中で、日本の通商拡大要求に対し、米国は自由陣営内においてドルの価値確保のために、また、自由諸国を援助しなくてはならぬ地位にあるところから、日本に劣らぬ成長と通商拡大を必要とすると応酬している点を見ても、日本の商品に対し、米国内では制限解除を拒否したと考えられる。箱根会談は、相互が望んでいた成果を充分に収め得なかったようであり、ただ今後相互協力を期待するにとどまったように見受けられる。

米国の対韓経済援助における態度は、日本を通じての経済援助という傾向に転換される可能性もなくはない。すなわち米国は全体の通商上の収支均衡はもちろん順調といえるが、年間三四〇億ドルに達する援助額と同じくらいの赤字を示している。したがって、これによって生じてくる自由陣営の標準貨幣であるドル価値の低下は、米国がいっているごとく、単なる米国だけの問題ではないため、先ごろ西ドイツはディロン米財務長官の訪独みやげとして、「マルク」貨の対ドル換率を引上げたのであり、後進国の自由諸国に対する十億ドル援助を約束するに至ったのである。このようなものを極東においては日本に求めており、新防衛条約第二条の両国間の経済協力という意義も実にここにあるのである。

ここでわれわれは、新しい問題点を民族的な立場で再考しなくてはならない。われわれの真の民主々義を再確立するための経済的土台として、経済開発計画の強力な推進が、革命後いままでになく切実に要望されている。しかし、この民族の大きな課題の一つである経済開発計画の推進のためには、尨大な外資が必要とされることは、今の韓国人であれば百も承知のはずである。それが米国の資本であれ、西独、イタリアのような欧州諸国の投資であれ、はたまた日本の投資であっても、経済開発計画の推進のためにはこれらが必要であることは言うまでもない。ただ、日本の投資と経済協調を通じ、韓国の経済再建の道を開くにあたって、われわれはどのような態度でこれに臨むべきかということが問題である。前に述べたごとく、日本との経済協調なるものが、一歩間違えば、日本の韓国に対する「新しい形態の侵略」ともなりかねないということを、われわれは見逃してはならない。

したがって、日本はわが民族に受難の種を蒔いた過去の前轍を踏まぬよう韓国の国家的自主性を尊重し、国際的互恵の原則を着実に守らなければならないことはもちろんのこと、進んでは、韓民族に対し、過去の日本の侵略行為を法的にも清算することが、まず先行しなければならない。「新しい酒は、新しい皮袋に詰めるもの」である。それがためまず日本は、過去三十六年の間わが国で何をしたか、国民はもちろん、とくに日本の指導者たちは反省すべきである。過ぎし日の侵略行為に対し、道義的な反省だけではなく、一歩進んで日本が過去を懺悔する法的な証拠が先行すべきであるということは、わが国民の一般的で民族的な感情の必然な帰結であろう。

またわが民族は、韓国の経済再建の外資として導入される外国資本が、買弁化されぬよう特別な措置を講じなければならないということは受難の歴程を歩んできたわが民族の歴史的な使命の一つである。われわれの現実から見れば、米国の資本も良し、西独、イタリアの資本も必要であり、日本の投資も必要であるかも知れない。しかし、要はこれらの資本と投資も、窮極的には民族の発展に必要とするのである。わが国が民主々義的生活条件を向上させる上に必要とするものであって、決してこの金が買弁化され、民族を売る金となってはいけない。もしもそのような類の資本と投資であるならば、それが山と積まれてあるにしても、われわれには全く必要のないものであることを確言する。

のみならず、とくに私が強調したいことは、外資の導入とか、経済協助とかいうものが、美しい名分の下に、そのような「お金」によって新しい外国の政治勢力の扶植を画策するとすれば、これは国連憲章にも反することであり、他国の独立と主権を冒瀆することになるということである。したがって、もちろん韓国に対し真に協力を望む国はそうでなくとも、わが民族は、外資の導入と経済協調の美名にかくれて国内に新しい外国の政治勢力が浸透されるのを、常に民族的な立場から警戒すべきであり、またかかる問題について特別な関心と国家の措置を取らねばならない。

八　韓国統一――極東の共産侵略と北韓集団

われわれの目を左に転じてみれば、ソ連という巨大な怪物が虎視眈々として韓半島の掌握を企んでいる。すでに述べたところであるが、ソ連の南下政策は昨日や今日はじまったものではない。韓末以来、帝政ロシアは南下進出政策を強く押し進めてきた。ロシア単独の力によって宿願の南下進出政策を実現させるのが無理とみるや、フランスとドイツの力を借りてまでも南下進出の夢は捨てなかった。露・仏・独の大陸三国同盟によって日本が得た遼東半島を奪い、満洲にロシアの勢力を扶植させようとしたのも、すなわち「赤い夢」の南下進出政策の具体的な表現といえる。帝政ロシアが、一時竜岩浦に彼らの極東侵略の足場として砲台を築き、竜岩浦の産業上の特権を要請したのであるが、李朝末期に、韓国に対する彼らの勢力範囲を三八度線とか、三九度線とかいって分割を画定しようとしたのも、その実は極東侵略の足場として、不凍港の獲得と併せて彼らの根強い南下政策を表示したものであったといえる。彼らは、韓国が李朝末期に西洋文明の接触によって開国する当時にも、極東支配を図る韓半島掌握の夢を捨てず、機あらば韓半島を自己の勢力圏内に入れる侵略的意図を持っていた。しかし、韓半島が日本の侵略勢力によって日本の植民地となるや、彼らの南下進出の宿願は、いちおう歴史の次の段階まで見合わすよりほかなかったのである。

しかし、極東の不凍港である韓半島を掌握せんとする夢は、帝政ロシアが亡び、ソ連ができあがった後にも少しも変ることなく、そのまま継承されたことは全世界周知の事実である。すでに前節において述べたとおり、ヤルタ会談当時のスターリンの極東政策の構想も、帝政ロシアの伝統的な南下進出の意図を捨てていなかった。もちろん、大陸国であるソ連の南下進出政策は、単に極東においてのみならず、北欧においても然り、東ヨーロッパにおいても然り、バルカン半島においても中東地域においてもそれに似た南下進出の意図を捨てた痕跡は全くなく、むしろ帝政ロシア時代に増して執拗で悪毒な侵略的勢力拡張の意図を根気よく押して行く「ソビエット・ロシア」であることを忘れてはならない。このようなソ連が、彼らの対日参戦と戦後処理を論ずることのできたヤルタ会談という絶好の場を逃がすはずはなかった。彼らは第二次大戦まで、日本という極東の新しい勢力が登場し、韓半島はもちろん北満洲と北支まで掌握したので、帝政ロシア時代からの宿願である南下進出が阻止されたが、第二次大戦終末に至り、競争者である日本を押しのけて、日本の勢力が退いてしまった後に生じた「新しい真空地帯」に浸透するためには、最少犠牲で最大の成果を収め得る時期に、対日作戦に参加しようとしたことは自明の理である。このようにぬかりないソ連は、日本が降服宣言をすると直ぐに南満洲一帯をおおい、北韓に進駐したのである。そうすることによって彼らが、帝政ロシア時代から連綿として抱いてきた南下進出の夢を現実的に実現させたのであった。

日本軍の降服当時、米・ソ両軍が日本軍の降服を受理する地域を分割するため、急いで韓半島内に三八度線なる軍事的境界線を設けたと、一歩譲って解釈しても、やはり、ソ連はこの三八度線という軍事境界線を、彼らが数十年前から抱いていた夢を実現する絶好の機会として組織的に利用したことには間違いない。米国は、韓半島が地理的にみて侵略されやすく、また、分裂され、弱化した韓半島を中心とする列強の競争が、戦争を惹起し、世界平和の維持にガンになるという政治的な要因の把握と、政治的な見通しについて細心な判断をするだけの心の余裕が持てなかったようである。もし、米国が何か考えていたとすれば、それは韓半島の占領ではなく、日本の占領と日本の戦後処理であったろう。このような意味から、戦後進駐軍の軍事的境界線として三八度線を考えたとはいえるが、韓半島に対する継続的な政治的支配を強化するための綿密な計画はなかったものと考えられる。

その実例を挙げて見れば、米国が韓国本土の戦闘に参加するかも知れぬ事態に対備して、一部の兵士に韓国語訓練を施したと伝えられるが、他の戦線が急迫して、その兵士たちまでも西ヨーロッパに移動させた。米国はそれほど韓国の問題について深く考えてもいなかったし、準備もしておらず、また韓半島の政治的に深刻な問題を予測もしてなかったようである。——もちろんこれが、米国の失策であるとすれば失策であるともいえる——しかし、すでに述べたとおり、ソ連はそうではなかった。ソ連は三八度線という軍事境界線を侵略的な勢力の拡張のためソビエット的な政治秩序の浸透化について事前に綿密な計画をたてていたのである。それ故にソ連はあらかじめ詳細な計画をねり、ロシア語に堪能な韓国出身の熟練された共産主義者を北韓に送りこみ、共産主義的な策略と強制をもって、北韓内に住むほとんどのわが同胞を事実上共産主義体制の鋳型にはめようと、あらゆる手をつくしたのであった。ついにはソ連は北韓にあるわれわれの産業施設まで撤去して持ち去り、その代価として北韓赤化を企図する組織的な共産主義訓練分子を投入して、共産党分子の権力安定を図り、北韓の同胞を組織的に動員しながら、国史を変造してソ連共産党史をつくりあげ、社会、文化全般にわたる民族的な要素を完全に排除して「ソ連共産社会」を合理化させる政治、文化、訓練所にしてしまったのである。このようにソ連は三八度線という軍事分割線を、軍事的な観点からではなく、彼らの世界赤化の一環としての極東南下進出政策を達成せんとの政治的目的の上で、無慈悲なほど活用したのである。

しかし、ソ連は日本の敗戦によって、韓半島の北端においてのみの南下進出政策という伝統的な目的を達成したのではない。日本の敗戦が斎らした「極東の空白地帯」に何らの気がねもなく、赤い勢力を進出させることができたのであるが、満洲がそうであった。彼らは対日戦の参加という美名の下に満洲を占領したのであり、中共軍を通じて間もなくその広漠たる中国大陸までも共産勢力の中に入れてしまったのである。南支那海峡から、山東半島、遼東半島、韓半島の三八度線以北を完全に自分の手中に入れたソ連と極東共産勢力は、それでも飽き足らず自由で平和な大韓民国まで武力で顚覆せんと企み、ついにあの血腥い同族相争の「六・二五」事変を惹起させたのである。いわゆる彼らが平和を愛好するとか、民族を愛するとかいいながら、その口とその手で再びソ連勢力の極東最南端進出をさせるため、われわれをして同じ民族、同じ同胞どうしが互いに銃口を差向け、呪咀の毒舌を吐き合わせたのである。

このような極東情勢の中で、いかにすれば大韓民国が自由で平和な民主国家として発展でき、自分の国、自分の民族、自分の彊土をとり戻せるかということが、わが民族の課題の中で最も大きく重大な試練であり、またわが民族史の最も大きな使命でもある。とくに、われわれを取巻く北韓はいうまでもなく、満洲と沿海洲、そして中国本土の大陸が、共産党の支配下に入ることによって、われわれは、北方と両側面から軍事的な脅威を受けなくてはならなくなる。北方と両側面からくる軍事的脅威をわれわれ単独で防ぎながら、われわれの自由と独立を維持するには現実的に不可能である。北方と両側面からくる共産党の脅威が継続する限り、われわれは、われわれの自由と独立を維持するため、米国との積極的な紐帯を結ばなくてはならず、また、このような共産党の脅威が継続される以上、米国をはじめ自由陣営と共同の歩調を取らねばならない地政学的な条件におかれていることはいうまでもないが、進んでは、より一層米国をはじめ自由陣営との軍事的、政治的紐帯を緊密にすることだけが、わが民族の生きる道であり、われわれの自由と独立を維持する道である。それだけではなく、この紐帯を強化することだけが、われわれの自由と独立の原則の下で韓民族の自由、民主的統一を達成する捷径でもある。

このような自由陣営との積極的な紐帯と協調を前提としない統一韓国の云々は、民族をソ連共産党に売ることであり、大韓民国を北韓共産党の幹部に売り渡すような結果になってしまうであろう。なぜこの点を強調するかというと、善良な北韓同胞は、解放後一日も早く共産党の核心分子の暴政から解放され、同じ民族が一つになって独立と自由を営める統一韓国が達成されることをひたすら望んでいるが、北韓共産党の核心分子たちは、わが北韓同胞の民族的良心を麻痺させるため、国内的には無慈悲な弾圧政策と強圧的な共産主義教育を強行し、また一方においては、解放後の米・ソ共委当時から、韓国の独立と自由が保障される統一国家の建設にあらゆる妨害と陰謀を企んだことを、良心ある韓国人であれば、知らぬ者は一人もいないと思うからである。

このように、北韓の共産分子の妨害と陰謀によって、韓国統一に関する米・ソ会談の努力も空しく、韓国統一復興委員団はもちろん、十数回にわたる国際連合の努力も水の泡となってしまったのである。北韓共産党の継続的な妨害によって、わが民族が一つになれる統一韓国を実現させられなかったからといって、われわれは北韓の同胞たちを怨んではいない。北韓が、よしんば自由と民主の原則下に韓国統一を妨害したとしても、それは北韓同胞の意思ではなく、あくまでも北韓共産分子の意思であり、国際共産党の策略であった。したがって、たとえわれわれの敵は北韓にあるとも、その敵は北韓の同胞ではなく、北韓にあるわが民族ではなく、わずかしかない、ほんの少数の北韓共産党であり、国際共産貴族階級である。

北韓共産党は「南韓が米国と同盟を結び、米軍が南韓に駐屯している」といって、米軍撤収を主張する宣伝攻勢を続けてきた。しかし地理的に両側面と北方の共産侵略軍の脅威を受けているわれわれが、これらの軍事的な脅威の中にあって、しかも独立と自由を維持することのできる民主社会を固守するためには、米国のごとき自由友邦の軍事的な支援なくしては不可能である。もし、北韓の領土の中に、陰凶な国際共産分子がおらず、同時に常に自由大韓の独立と自由を脅威する南満洲と北支にある中国共産軍の軍事的な脅威が除去され——彼らはすでに韓国戦線に参加して、われわれの自由と独立をふみにじった過去を持っており、ただ今でも一旦事あれば河一つ隔てた韓半島には、いつでも投入できる態勢を整えている——沿海洲一帯にあるソ連極東軍の軍事的な脅威さえなければ、つまり、北支と南満洲にある中共軍の軍事基地と沿海洲にあるソ連極東軍の軍事基地が撤廃されるならば、米国の軍事基地が事実上、大韓民国の自由と独立を維持する上に絶対的な条件ではなくなることも考えられる。しかし、われわれの両側面と北方に共産軍の尨大な兵力がある以上、大韓民国の自由と独立は、このような極東国際共産勢力と、極東にある自由陣営の勢力の均衡によってのみ維持されるのである。この均衡を維持するためにも、わが韓半島内に、強力な米国の軍事力が腰を据えてなくてはならないのであり、このような双方の軍事力の均衡の上でのみ、われわれの民族的独立と自由も維持できるものである。

このような極東情勢の中で、将来において、われわれの民族性を高め、外交的地位を高める道は何であるか？　この道は、ただわが民族が富強になり、自由で、民主的に発展される道以外に他の近道はあり得ない。その意味から、われわれは、われわれの自由と独立を維持する上に必要な強力な軍事力、すなわち、場合によっては南北韓の統一に必要な軍事力を維持し発展させることはいうまでもなく――われわれの歴史上、わが民族がこれだけ強力で、組織化された軍事力を持ったことがない点を記憶しなくてはならない――社会経済的な面で、われわれの体制が、北韓共産暴政体制よりもはるかに優位にあり、またすべての国民が、人間らしい生活を営める真の自由と民主的富強と繁栄が達成されるべきであることは再言を要しない。現在、政府はわが民族が背負っている受難の挑戦の中にあって、真の自由と民主的富強と繁栄を達成するため、われわれが全力を尽して、長期経済開発計画を推進しているが、また一方では、北韓にある国際共産党の陰謀分子を追い払えるものであれば、そのために、われわれは今まで手を取り合えなかった中立主義諸国とも紐帯を図り、その国たちと結合できる機会を広めなくてはならない。

第二共和国の「カオス」

Ⅳ　第二共和国の「カオス」
――新旧派分党と「弱体内閣」の自決

一　四・一九革命の流産
――張政権の興亡――

日本帝国主義の植民地支配三十六年の重荷を、やっと他人の力でおろした新生韓国が、両断された身の傷を負ったまま李承晩自由党の独裁十二年の失策により、力尽き矢折れた形で迎えた四・一九学生革命は、決して韓国民主々義の完成ではなかった。重い悪資産をいっぱい背負った韓国民族の前途には、数多い難関が横たわっており、四月の未完成革命をそばで横取りした民主党政権も、真の民主的主体勢力としての力量を持たぬことを、天下は暴露してしまった。

「耐えられぬ、替えてみよう」――このスローガンは、民主党が野党として自由党に対する選挙戦略上編み出された小細工から作られたものであったかも知れないが、そのスローガンがあれだけブームを喚起したところには、必ず国民与論の強力な反応が支えとなった点を忘れてはならない。自由党治下の野党であった民主党の力は、その母体である民衆の切迫した与論と念願を代弁したから強かったのであって、決して民主党の幾人かの幹部や党員の力によるものであったとは考えられない。従って議会民主々義なるものは政党を通じての国民の支配ではなかろうか？　それにも拘らず、民主党執権数ヵ月に、国民の不満はだんだん大きくなり、四・一九前の自由党の汚した場所に、自ら代置される結果となってしまった。「一体、民主党が本質的に自由党とどこが異るのか」と反問する人が多かったことを憶えている。その腐敗、不正、無能において両党は果して何が異なるといえようか？

自由党と民主党は、韓国政治上、さながら「双生児」の如くよく似ていて、つきつめて言えば、民主党は李承晩という家長から冷遇された「ママッ子」という立場が違うだけで、その性格や理念においてはそっくり同じものであった。「耐えられぬ、替えてみよう」の語調にしても、「替えてでもみようか」という自信のないものであっただけに、自由党から「替えて見たって同じさ」というお返しのスローガンがでたくらいだったが、不幸にしてそのスローガンがこんなにも的中したのかと思うと不思議な気がする。

学生たちの崇高な念願と、高貴な血の代価によって得た四月革命は、民主党の分党騒動と張政権の無能と腐敗に因り、ついに「流産革命」に終ってしまった。四・一九の時の学生たちの念願は、とりも直さず全国民の念願であり、わが民族史の痛ましい絶叫でもあった。しかし、健全な民主々義の再建、貧困追放、福祉社会建設の念願は、久しく飢えていた民主党一派の「官職分配」「政権争奪」「重石事件」などで余すところなく裏切られた。四月革命一周年が迫るや、執権者の心の中は、自責から来る「四月危機説」によって、自身たちを苦しめたのであった。この危機意識は、執権党がその実権を奪われはしまいかとおそれる賤しい利己的な恐怖心に包まれただけであって、真に民族的良心をもっての自覚と反省ではなかった。従って民主党執権は、腐敗した自由党に接木された枝の分立であったから、その腐敗は性質上何等異るところがなかった。腐敗した張政権の支配は、時間が経てば経つほどその腐敗性を増し、しまいには中味まで膿ませるほかなかった。従って民主党は、七・二九の選挙の時には絶対的な国民多数の支持を得たのであったけれども、その国民の大きな期待は日が経つにつれ「民主党の裏切り」という観念を深めていった。いまや、いわゆる政治人、政党人たちが果して国民のために何ができるのかという疑問と共に、政党政治に対する無感覚が濃くなり、期待をかけるべき政党すらもなくなってしまったのである。これが若い世代による既成世代への不信として表われた。「既成世代は腐敗している」「既成世代はひっこめ！」――この絶叫こそ若き学徒たちの心底から湧き出た「民族の声」であり「時の声」であった。

　累卵の危機に処した祖国の前途が暗くても、その暗黒の彼方に希望の太陽が黎明を呼ぶとすれば、それはまさにこの国の若き世代であり、青年学徒でなければならない。従って民族の将来を憂う者は、この若き世代の絶叫に耳を傾けるべきであり、時には荒っぽく過激な点もあり、また時々脱線することはあるとしても、彼等の声、地軸を轟かしてくる新しき世代の声に耳を傾けるべきである。その声は「既成世代に対する不信」として表われ、または国土統一論として表われたが、この若き人たちの要望が集約されたものは、民主党に対する不信であり、ひいては、何か新しい民主的な革新勢力の登場を期待するものであったとみることができる。民主党は、国民の大きな期待をあまりにも苛酷に、そして醜態をもって背信、背徳した。民主党の執権時代には、デモ、スト、新旧派分党、教員労組騒動だけが国民の印象に残し、ある者はこれを称して「檀君以来最大の自由」とまでいった。これは自由を混沌と混同する愚かさであり、無責任と放縦を「自由」と考えた無知にほかならない。

世界議政史上に二つの奇談があるとすれば、一つは、後進パキスタンの議会で副議長が議員に擲殺された暴行事件であり、また一つは、四・一九後わが国の国会に暴徒たちが「土足」で押入り、二十一分間国会を占有した歴史的（？）な醜態であろう。旧政治家たちのサビついていた思考方式によれば、自由とは「官職を得る自由」「密輸の自由」「暴行の自由」「不正蓄財の自由」以外の何でもない。

民主党勢力は、新旧派を問わず自由党治下においてすでに腐敗し、或者は与党に仲間入りできなかった腹いせに野党に落ちていった旧自由党も多かった。腐敗するだけ腐敗した既成政党人たちによってできた野党だといっても間違いではなく、もし間違っているとすれば、長い間の飢えていた野党生活に、より強力な「食慾」が不正行為を敢行させたという点であろう。

四・二六李承晩大統領の下野声明があってからの民主党は、「虚偽」をもって政治をはじめたわけである。三・一五不正選挙に憤慨した民衆の抵抗によって実現された政党交替の機会をつかみ、正当に政権を引継ぐことは考えず、自由党の国会そのままを継承して、自由党議員を「挙手器」に利用しながら国政を論じたその底流には、すでに「民主党的な虚偽のタネ」が蒔かれはじめたのである。七・二九選挙を前にしての民主党は、自由党に劣らぬ選挙資金を「不正蓄財者」たちから四十五億圜も捻出したのであるが、そのような黒幕を持ちながら、表だけは国民の前で不正蓄財の処理をすると騒ぎ出したけれども、この笑止千万な背理が国民をして納得させ得たであろうか？　結局、長らく飢えていた民主党が、政権を目の前において選挙資金を集めはしたけれども、知らぬ間に旧悪の巣窟である不正蓄財者の先烽となってしまったのであった。

そのときから民主党は、虚偽と不正とお金で政治をはじめたのである。国防総理認承をめぐって、その買票工作にも金を使い、少壮派を撫摩するのに金を使い、蜂の群のように立ち上がる学生デモをなだめるのにも、これまた金で押えたのである。結局、お金で政権を買収しようとしたはじまりからしてお金であり、そのお金をつくるために不正を敢行し、またお金を提供した不正蓄財者たちには、不正に目をつぶることを約束するなど、このようにしていわゆる「自由」を大きく虚用した民主党はお金のために腐敗してしまったわけである。

これに伴って、民主党はまた不正、情実人事をはじめたのである。野党当時に世話になった地方選挙区民が訪ねて来れば、民主党幹部たちはお金を包んでやるか、さもなければ何かの要職の椅子を与えてやらなくてはならなかった。政権を掌握した民主党幹部たちは、あるいは長官室に、あるいは局長室に洪水のごとく押しかけてくる選挙区民の来訪によって、文字通りの門前盛市を呈し、大小の利権はこの上京客たちとの密通によって左右されたのであるから、地方における民主党員たちの横暴は絶頂に達していたといえる。民主党はその間二千余件の不正情実人事を敢行し、それだけでは満足せず、「民主党員を各官公署に特採するよう、まるで脅迫のような示達」まで行ったのであるから、全く李朝党争史の再版である。

結局民主党は、分党、政治資金醵出、不正情実人事で自滅してしまった。とくに四・一九以後に採択された議員内閣制の第二共和国は、張勉内閣九ヵ月の無秩序と混乱、張氏個人の指導力の不足、議会の腐敗、国民の政治意識への未熟などによって、議会民主々義の失敗を演じてしまった。とくに、張政権執権時代の不正蓄財者処理をめぐる特別法制定に際しても、自由党幹部を反民主的な違反者として烙印を押して処罰するなど、執権者たちの無定見、無能を余すところなく暴露させてしまった。とくに特別法制定をめぐる優柔不断な論議は、旧悪刷新の一大改革を遅延させると同時に、法治主義原則に対する不信と懐疑を国民の中に深く扶植させてしまった。革命を敢行することによって、既成法律をそのまま適用させようとした時代錯誤の思考方式は、若き世代の反発を免れ得ず、後進国保守層の生理を如実に現わしてしまったのである。

このようにお金と官職分配に目がくらんだ民主党張政権は、若き世代が実現させた四・一九の「革命」を、反革命と混乱に導いてしまった。

この執権党の醜態を見ていた軍の若い将校たちは、それ以上我慢することができなかった。四・一九の時に、軍は迅速に戒厳令を解除し、民間人に政権を移譲したのは事実である。軍は、できるだけ政治的中立を守り、真の民主々義が民間人によって確立されることを望んだ。しかし、四月危機説の中で、張政権と民・参両院は政争のルツボと化し、学生たちをお金であやし、デモを防ごうとしたけれども、街頭にはデモ沙汰が連発し、そのスキに共産党が便乗してくるにつれ、われわれ軍は、高貴な生命を捧げて守ってきた民国が、ここで崩壊されてしまうのではないかと思われる危機感で、ハラハラする気持を禁じ得なかった。

「デモで建てた国、デモで崩れる」予感の中で、軍はついに正義の刃を抜き、奮然として立ち上がったのである。この民族のために生命を捧げて闘ってきたが故に、この民国の繁栄と自由を心から念願しているが故に、わが革命軍は首都ソウルに向かって進軍をはじめたのである。

五月十六日未明、わが革命軍は積み重なった旧悪に対する一大手術に着手した。お灸や、薬の治療だけで完治させるには手おくれになったわが祖国を侵蝕する病菌に、メスを入るに至ったのである。

二　病める胎児、第二共和国

命短かかった第二共和国は、いわゆる民主党の主導権の下に樹立はされたものの、張政権の「弱体内閣」を免れることができず、自由党の不正と腐敗の「延長」に過ぎなかったことは、その系譜を、解放十五年史が雄弁に物語ってくれる。四・一九後の政党、社会団体の乱立と混乱は、八・一五後の無秩序と異るところなく「歴史はくりかえされる」の感を新たにした。しかし、歴史が必ずしも機械的な反復でないことは、その歴史創造の主人公なる人間の決意と行動が重要な役割をしているからである。従って張政権下の混乱をそのまま放置したならば「第二の六・二五」という民族の悲劇が再びくりかえされただろうが、それは軍事革命によって防止されたといえる。

張政権の一年間は、解放後の無秩序の反復であった。解放後、韓民党―民国党―民主党の系列は、時には李博士（註＝李承晩）に奉仕し、時には李博士に対抗しながら「自由党」を生んだ。地方の土豪および政治ブローカーと官憲を上手にあやつってひと儲けした解放貴族という「古い腐敗勢力」を基盤にした自由党十二年の悪政は、民主党を成立させたものの、その性格においては自由党と何等変わるところない半封建性と旧悪そのままを持つ旧政治勢力に過ぎなかった。従って第二共和国は、その成立当時からして病胎児の悲運の中にあったといえる。

(1) 民主党の系譜とその性格

―韓民党の双生児、自由・民主両党―

「コンロン」報告が、自由党治下の韓国情勢を分析して曰く「韓国は、両党制度とはいえず、野党がおびやかされ、制禦されているところから、むしろ〈一・五政党制〉を持っているといったほうがよい」と言ったが、これは強力な官権下の野党民主党がおじ気づいて畸型的な発育不良児となったことを言ったものといえる。従って面目を失した民主党は自由党の金権支配を踏襲する悪い教訓を暗黙のうちに受け、健全な近代的国民政党として育成されず、「〇・五」の半ぱ政党となってしまった。

民主党の系譜を韓民党にまでさかのぼってみると、李承晩の独裁に押えられて、建国当初に追い出され、韓民党―民国党の一分派ともいうべき新興阿附輩たちの集団があつまって自由党をつくったといえる。

あの有名な「政治波動」（一九五二年五月二十五日）は、李承晩一人独裁を確立するためのクーデターだったといえる。そのときから六・二五後の本格的な官権対民権の対決がはじまっており、与党である自由党が強化され、これと併せて院内自由党と民主党系を核心とする大野党民主党も誕生したのであった。その後、自由、民主両党の対決は、一九五六年の五・一五選挙、一九五八年の五・二選挙と、一九六〇年の三・一五選挙を経て自由党の不正選挙方法の万華鏡を呈した。

顧みれば、民主党の前身といえる韓国民主党は、一九四八年五月十日の総選挙において、李博士を中心とする南韓を全韓政府として「大韓民国」を樹立するのに主動となった。制憲国会は、李博士の強要によって大統領中心制に修正通過させ、李博士が初代大統領に当選した。しかし李博士は、韓民党を一辺倒して内閣には起用せず、李範奭氏（族青）を国務総理に任命し、各派の綜合内閣を構成した。これが韓民党と李博士との袂別であり、一九四九年二月、韓民党は他派を糾合して「民主国民党」に改編した。その理由は民国党の前身である韓民党が解放後軍政期間中に民怨をかったところ少くなかった点、それを解消させようとしたためでもある。

米軍政時は大韓民国の胎児期であって、そのときに主導権を握っていた韓民党一派の役割は、後世に影響を与えるところ大であった。韓国民主党こそ解放後韓国の一大保守勢力であり海外の保守勢力である臨政系と共に、実に韓国社会の指導勢力であったといえる。このような意味から、韓民党系の位置は、米軍政時は相当高かったもので、とくに共産勢力の浸透を防ぐ上においては絶対的な貢献をしたといっても過言ではない。

しかし、韓民党はその構成分子や性格から推して、新生国家の新しい構図を持たぬ一つの保守性にとどまり、健全な民主々義の基礎を確立することにルーズで、そのうえ土着的な地主土豪たちの代弁党という前近代的な性格を脱皮できず、後代与党的旧悪のタネを植付けたものといえよう。韓民党は、その社会的基盤の上で、畿湖地方の土着財閥と大地主、大企業家によって構成され、半封建的な守旧性を持っており、一部指導者たちは、日帝の官吏出身か日帝植民地教育を受けた知識人たちで、ほとんどが法律家、銀行家、商人たちであったため、民主革命と近代化の改革には盲いた人が多かった。従って韓民党系の人士たちは、日帝流の官僚主義と金権思想と「六法全書」的教条主義を持つ古い指導層で、従って彼等は経済自立とか農村再建には全く関心がなかったのである。そのため韓民党系列の保守勢力は、自己の民族的課題を忘れその徒党的性格から脱皮できず近代的民主々義政党の基礎もつくれなかったのである。

　このような韓民党の地主、貴族的、守旧的な生理は、その後民国党を経て民主党にまで続いた。自由党が表面上の綱領として「農民と労働者の政党」をかかげたとき、額面通りに受入れるとすれば民主党よりは革新的な政党であるという感覚まで匂わしたが、民主党は逆説的に、もっと保守的な政党の色があせていた。ところで韓民党の旧悪を継承したのは民主党のみではなかった。自由党が与党として登場してから「後進的な官権政治の悪循環」はくりかえされ、韓民党的な前近代的な腐敗と保守性が自由党にも継承された。それは大韓民国政府樹立後、李政権が帰属事業体をめぐる利権争奪戦において、不正蓄財者をつくり、いわゆる「解放貴族」を形成する形式で継承された。結局、この不労所得物である帰属業体をとりまいて官権と似而非実業家たちが合作して、韓国的な「腐敗」の温床を齎したのであった。米軍政当時、韓民党は、帰属業体を管理しながら復興もできず農村経済に寄生する地主的な土豪の位置を免れ得なかったため、土地資本を産業資本として転化させる近代化の課題を忘れた結果は、地主勢力層の衰退は勿論、韓国経済の繁栄と資本主義の出発を遅らせてしまった。

　李政権の農地改革は、その民族的近代化の課題を遂行することに失敗し、民族資本の農土に代わる地価証券の使用を制限し、帰属業体の払下げを官権で籠絡した余り、農土を細分化して農民を零細させる破綻の道をつくってしまった。

　問題は、民主党も自由党と同じく、韓国の近代化と健全な民主々義の再建を図る実質的な構図も力量も持っていなかったという点である。民主党の野党闘争は、政権争奪のための「官職争い」の性格を抜けきれず、韓民党的な風土を改革する新しい政党として生れ変ることができなかった。たしかに民主党は韓国の現実に立脚した自党の確固たる政治哲学を身につけておらず、民主的な諸般改革のための研究と計画と腹案を持っていなかった。彼等は官位以外には何も眼中になかったということを、張政権がよく立証してくれている。

民主党は徒党的性格を免れなかった。私利私欲で集った徒党は、利権のため分裂するのが当然であり、遠大な抱負も、崇高な理想もないため、自然、目前の利益のために争うようになったのである。その挙句七・二九選挙後に、民主党内部にヒビがいきはじめ、民族の大義を顧みる間もなく、新旧派の紛争はさながら泥田闘狗のごとくに醜態を展開したのである。

民主党の徒党性は、政治ブローカー、日帝旧官吏、自由党の落伍者、ヤクザ、失業者などの集りででき、これという定見も打ち出せぬ古い既成腐敗層の集団そのものであった。そして民主党には、趙炳玉博士と張勉氏の二つのリーダーシップができ、新旧両派の間にヒビが入りはじめたのであるが、旧派は主として韓民党系の半封建的地主＝土豪＝両班勢力であり、新派は、新興商工業者と北からの越南系と嶺南地方の勢力の対立であった。つまり民主党内に再び李朝時代の「両常の区別」が再現されたようなもので、庶民的といわれる新派勢力も、それ自体の中に老少の分裂が生じたのである。この分裂は、張内閣の長官人事の面にそのまま反映され、四分五裂となった民主党内の勢力調停は手もつけられぬ状態となった。

民主党の成立と崩壊は、実に自家内の前近代的な徒党的性格と無定見、無能、腐敗からきたものであることを今一度強調して、議会民主政治の失敗を再反省するよう切実に促すものである。

(2) 分党、乱闘劇とポスト争い

四・一九と四・二六の李政権崩壊期に、学生と青年たちは血を流したが、大野党である民主党がどうしたものか影も形も見せなかったのは何故であったか? 四・一九の血の火曜日、景武台前で学生たちがバタバタと倒れていったけれども、李博士の下野を勧告するだけの勇気もなかった民主党の幹部たちが、如何にして新しい民主的指導勢力として第二共和国の基礎をつくり得ようか!

四月二十五日の午後、大学教授団のデモがはじまり、白髪の老教授たちが街頭を行進しているのを見ながらも、民主党出身議員たちはとうとう姿を見せなかった。

このように臆病で卑劣だった民主党幹部たちは、過渡期を経て七・二九選挙を前にした時、民主党公薦の際には、新旧派に分れて血みどろの争いをくりひろげたものである。三・一五選挙を前に、すでに対与党闘争で分裂した民主党は、七・二九選挙に至っては新旧両派はそれぞれの自派候補が党公認に落ちてもそのまま無所属で押し切ったほどである。

結局大統領、国務総理、国会議長などの官職分配をめぐって、新旧両派は完全に分裂してしまった。そして両派は、各自が総理認準のため無所属の買票工作に要る政治資金をかき集めるのに血眼になり、とうとう最後には不正資金流入説を持出して曝露させた。

七・二九選挙後、八月に入って新旧派は、大統領、国務総理の認準を前に新派側では二十余億圜を金融機関から不正貸付を受けて、議員一人当一千万圜を与えたとの風聞を国会で調査すべきだと騒ぎ出す議員があるかと思えば、旧派は、旧自由党の残留派のヒモつきで資金をかき集めているという噂もとび、国民たちをひんしゅくさせた。民主党は新旧派に分れて、政治理念の闘争とか政策問題などで結合するのではなく、いずれが不正蓄財者や企業体などからよく資金をカンパするか、「金あつめの試合」をしたのである。そのため実業家たちは左右からたかられてひどい目にあい、生産機関は沈滞するか閉鎖するかのどちらかになってしまった。

このように不正を重ねた民主党が、革命第一課題である不正蓄財処理に手をつけられるはずがなかった。片方の手でお金をくれといい、片方の手で不正蓄財を処理するということ自体が、体裁のいい偽善の芝居に過ぎなかった。結局民主党は、不正蓄財問題一つを処理できぬまま貰った金が喉につかえて自殺してしまったのである。

元来、新旧派の分党論議は、理念の相違とか政治実情に対する観点の相違からきたものではなく、お金と官職争いからきたものであることはいうまでもない。趙・張の二つのラインが、ある程度異る色彩を持っていたことは事実であっても、新旧の二派がキレイに見切りをつけられたものでもなく、だからといって一つにもなれぬままに、もやもやとして分党論に確固たる名分がたっていなかったのである。李朝党争史上で、宋時烈を死なせた争いにしても、つまらない服喪問題であったが、民主党の分党もまた名分も根拠もないものであった。分立する理由があったとすれば、それは官職分配の不平からで、その後の新旧派の争いは互いに与党になるための争いであった。従って民主党員たちは、政権をお金と官職が一挙に摑める「金鉱」のように思っていたのである。

第二共和国が樹立されその年も暮れたが、党派の争いは絶つことを知らず、分党騒ぎに夢中になり肝心の国政上切実な問題である失業者対策、新年度予算案審議、越冬対策などには全く関心すらなかった。

分党論議がこうして結末を見ず混乱の泥沼にひきずり込まれていったのは、党指導者たちの貧困からきたものともいえる。申翼煕先生と趙炳玉博士を失った民主党は、優柔不断に尽きる張博士の新政権をつくったけれども、すでに主体性のある中枢指導力を喪っていたため、砂のようにちらばってしまった。ついに新旧派は、新派側が民主党を、そして旧派が新民党をつくるに至ったのである。

このような分党論議で、民主党は結局分裂、弱化し、国民の信望をも失ったのである。この分党醜態により、民主党は①二つに分かれて互いに他派の弱点、不正を曝露することによって国民の信任を完全に喪失させたのであり、②二分されているため議会内の安定勢力を駆逐できなかった新派民主党政権は、常時お金と官職で反対派をなだめるのに没頭し、国政全般と国民をかえり見る暇がなかったし、③分党論議で莫大な政治資金を蕩尽したため、不正蓄財者たちの「御気嫌とり」をしなくてはならない反面、銀行不正貸付、情実人事などに、過度な不正を敢行せざるを得ない窮地に陥ったのであり、④そうしているうちに与党である民主党に対する不満は、革新系政党の台頭と、乱動の場を与えるに至ってしまったのである。この分党騒ぎは、「弱体内閣」張政権の痼疾でもあった。

(3)「弱体内閣」とポスト配分

十月になって、第二共和国樹立の祝賀行事が催された。しかし第二共和国は、その誕生当初からして祝福を受けるほどの健康児でも、福童（註＝恵まれた子供のこと）でもない「弱体内閣」張政権の成立であったのである。

議員内閣制の第二共和国は、国務総理認準をめぐる深刻な対立に悩み、新旧両派はお金で票を集めるのに必死だった。八月十九日、国務総理の認準選挙において、張博士が金度演氏との二票の差で当選はしたが、内閣責任制の前途は、実に不安と動揺を免れようがなかった。

張博士が内閣を組織するにあたって、旧派からは五長官の入閣を要請したが、最後まで院内の旧派として別個の交渉団体を持つという分党論に変りはなかったため、両派間には妥協が成立しなかった。

結局、張博士は新派一色の内閣を組織した。しかし張内閣を率いて行けず、九月七日には旧派四名を入閣させるなど、組閣完了後十五日の間に閣僚の約過半数が入れ替わるという不安定ぶり、とくに一国の治安を担当する内務長官の更迭は、あまりにも頻繁であった。張政権は、長官ポストを按配することによって政局の安定を図ろうとした安易な夢を全く破られ、議会内では両派間の口論と、乱闘劇が絶えなかった。張内閣は、「官職分配所」「官職交替機関」の印象を与え、閣僚の更迭が頻繁なためその弱体性と無能は、とうとう責任政治の門を閉したままにしてしまった。

すでに胎児のときから腐り、生まれてからも病んでばかりいた張内閣は、自分の身の回りすら整えられない立場にあって、どうして責任政治ができたであろうか？そのうえ、利権に血眼になっていた議員たちは、国会で乱動を展開し、民・参両院制にポスト数だけ並べておいて、国会には出席せず、利権運動に奔走し歳費をふやし、ジープ（註＝韓国では国会議員にジープ一台があてがわれた）や自家用車の貰い受けなどにだけ関心を寄せていた。無知で非良心的な国会議員たちの横暴は数えきれず、議会は「政治暴力の集合所」の感があった。国会は毎日成員未達で流会を宣言し、会議が成立される数字の議員が出席した日には、きまって喧嘩騒動をくりひろげるのが常であった。

このような「無能、弱体内閣」と「暴力国会」の乱動二重奏の中に、農村では絶糧農家が増えていき、失業者たちはデモをおこして交通を妨害し、物価は高くなって、庶民生活は日一日と危険の度が加わっていく有様であった。

とくに密輸業者は大手を振って歩き、外援産業はむしろ倒産状態に陥っていった。ＩＣＡ資金によって建てられた中小企業のうち80％が閉鎖してしまった。資金難、原料難は勿論、購買力が衰えてしまい、国内産業には一大危機を招いてしまったのである。

一九六一年二月頃からは、世称「重石事件」が起きて朝野をゆさぶった。即ち「東京食品と大韓重石が結んだ重石四万トンの売買契約の裏面に、三百万ドルのコミッションを民主党の幹部が貰った」というもので、民主党の新派内老少壮派間の紛争が熾烈化した。その後に黒幕が曝露し、当時の大韓重石社長は、この計画を遂行するため国会調査員たちに二十万圜から三十万圜の金を渡して政治的圧力を加えさせたのであった。このほかにも、不正は莫大な金銭取引に終始し、その額は驚く勿れ四十億圜にのぼったのである。

張政権の情実人事は二千三百余件に達し、それも殆どが強制的な不正人事で一貫した。李朝と自由党が情実人事で亡びたといわれるが、張政権もその例外ではなかった。地縁、血縁、人縁による不正特採を敢行し、民主党員であり過去の選挙運動員であれば、議員たちがみな不正特採をさせ、永登浦の某民主党議員は、一企業体に二百名も強制採用をさせた例がある。不正特進、不法昇級者はその数を知らず、「バック」（註＝日本のコネに通ずる）に物をいわせた点では自由党そっちのけであった。その上、民主党議員たちには、全員一人当り一、二名ずつの公務員推薦券を与え、その上いわゆる「熱誠党員証」まで発行して不法登用に圧力をかけたのである。

それだけではなく、官権濫用の例は数えきれず、利権があればすぐそれを官権で圧力をかけ奪取した。元ソウル市長は、市営屠殺場運営権として一千万圜を受け取ろうとしたし、ある長

・次官は、煙草小売商許可までしたのであった。

いわば民主党は、政権の余剰価値までも、無秩序に享有しようとしたのである。張政権九ヵ月は、文字通り「食え、飲め主義」であった。

(4) 極度に達した社会的混乱

張政権の弱体、無能、腐敗、不正は、連日デモが全国各都市で起る一大社会的混乱を惹き起した。夜が明ければデモで、そのデモは激化し乱動、暴行となり、夜になるとのろしデモ、大邸では「生きた人間を葬式するようなふりをする」デモまであった。

政治的腐敗と経済的貧困は、遂に一部学生、青年たちの不満を招き、民主党の無能な行状のスキを見て、革新政党たちが乱立するなど、一大修羅場を呈した。失業者は日増しにふえ、農村では飢餓線上に立って哭きわめき、物価は高くなって零細民たちの非難が沸騰したため、民主党の失政は、一部の革新勢力の煽動のもとに国民の間に不穏な空気をかもしだしたのである。

学園では生徒が本を捨て、中立論などの政治討論を展開し、各学校はスト、校長、教員排斥財団糾弾などで「開学休業状態」となった。一部学生の中では、民主党の失策に失望したあまり、漠然とした国土統一に期待をかけて見る懐疑的分子が一人、二人とあらわれはじめ、もし韓国を中立化させたら生きる道が開けるかも知れぬと若い学生にありがちな「危険な楽観主義」が学園を襲った。このスキを狙って北韓傀儡集団は、学生たちの統一論を煽って、一時学園の空気は濁っていたのである。

しかし、学生たちの念願が、決して共産化統一や容共的なものであったと疑いたくはない。ただ彼等は将来のわが民族の主人公であるが故に、民族的良心と純粋な感情がひきおこす恐ろしい結果について暗かっただけであると理解することにケチケチしたくはない。しかしながら危険性がなかったともいえず、この雰囲気がしまいには南北大学生の板門店会談説にまで飛躍したときには、生命を懸けて民国を守護してきた軍人としては、手に汗を握りながらヒヤリとする危機感を感じたことを卒直に告白する。今だにわれわれ軍人たちは、わが国の若き世代たちと共同戦線をひらき、祖国を再建する上において、民主々義再建の礎石たるべく信念に変わりはない。しかし民主党治下における悪夢の如き社会的混乱は真にわが民国を呑み込んでしまったかも知れない「カオス」であったといえよう。

革新政党の乱立も然り。韓国の革新政党は、休戦線をおいて北に共産侵略集団と向い合っているわが国としては、その存立上いろいろな難点があるという事実を忘れてはならない。自由陣営の中にも、共産独裁との闘争に果敢な社会主義政党たち……英国の労働党、西独の社民党日本の民社党など……が厳存していることを知らぬわけではない。四・一九以後、革新系を自称する政治集団があまりにも乱脈ぶりを見せ、いずれが民主々義社会勢力で、いずれが容共分子であるか見分けがつかなかった。

六・二五動乱の共産侵略による民族の悲劇を味わった大韓民国において、革新政党は、国是を遵守し反共の線をハッキリ引いておかねばならなかったにも拘らず、国民たちにいわせればこれらが全部容共分子のようにしか思えなかった。ましてや革新政党たちの政治闘争方法は、デモ、南北交流集会、新聞などを通じて容共的な色彩を見せたのが事実であり、民主々義の原理と、民族的自覚に欠けている徒党に過ぎなかったのはたしかである。

いわゆる革新政党に集まった人たちを見ると、過去において共産分子の嫌疑を受けていた者、思想的な不穏分子、盲目的に付和雷同した者、ルンペン、政治ブローカー、性格破綻者、そして共産主義に無知な学生たちで、健全な良識と国民精神をもった良心分子はいくらもいなかった。

もともと革新政党は、国内政治の改革を推進し、対外政治は保守党に任かせるのが、英国議会の民主政治に見るような保守、革新両党政治の常識である。ところが韓国の革新勢力は、七・二九選挙のときにもとてつもない中立論を持出して国民たちを眩惑させようと煽動し、却って国民の疑惑をかってしまった。革新政党の健全な発展は遼遠で、とくに韓国のような共産対決の場においては尚更のことである。

実際において、革新勢力の中には容共分子が少くなかった。彼等の乱動をそのまま放任しておいたならば、純真な学生と不純分子を煽動して、わが国民を共産党に売り渡してしまったかも知れない険悪な雰囲気であったことを考えると今でも背筋の寒くなるのを覚える。

共産党との妥協は敗北のはじまりである。張政権の社会的混乱をもって、南北統一を打ち出すことは自滅行為であり、学生たちの中立統一論ごときものは、無血共産クーデターの糸口を与えることにほかならないことを知るべきである。われわれは、いま享有している民主々義と自由の高貴な価値を最後まで守護しなくてはならない。

われわれは南北統一を反対しない。むしろ国土統一はわれわれの至上課題であり、民族史の厳粛な命令でもある。しかし統一が共産奴隷化を意味するとすれば、それを死でもって拒否しなくてはなるまい。ソ連の傀儡である金日成集団が崩れ去り、北韓にいる自由人民たちの民主力量が成長し、われわれも自立経済を成取して国力を育てられた暁には「民主化統一の朝」がくるであろう。その日まではいかなる徒党の甘言利説にも騙されてはならない。

(5) 指導力の貧困

弱体内閣張政権の失敗は、一口にいって、指導力の貧困であったといえる。軍事革命が成功するや、世間では張内閣の崩壊に対して、韓国民主々義の失敗だといいきった。しかしこの失敗が指導力の貧困からきたものであると痛感するものは少なかった。

概して、後進地域において民主々義が成功しようとすれば、「直輸入」よりも、その地域にある良心的で革新的なエリート（選良）たちによる指導力が必要である。西欧の古典的民主々義が、韓国のごとく東洋的専制主義の歴史的伝統をもつ社会に、そのまま適用されることを望むのは一つの妄想に過ぎない。民主々義的自由を、まるで「指導者の不要」と誤認することは、さながら回っているコマには軸がないように思うのと同じである。従って韓国社会の近代化と社会革命の完遂のためには、健全な「指導者道」を習得する人間革命が先行されねばならない点を重ねて強調しておくものである。

前に述べたとおり、分党騒動と重石事件などで、国民の信望を失した張政権は、指導力を駆使できぬまま「無為無能の九ヵ月」を浪費したのであった。第一に、指導力は、指導者の確固たる信念から湧いてくるものである。それにも拘らず張政権は第二共和国の指導理念を構築することができなかったのであり、四・一九革命の国民的与望を施政面に移すべく意志も実力もなかった。とくに張勉氏は、世評を「優柔不断な人」と受け、骨がないという評判がひろがったほどで、事実、新しい国政担当者としての自己の所信を国民の前に率直に、力強く表明したこともなかった。

外国記者が、張政権は学生たちによって国政を行っている、といったが、学生デモが何かを要求してくるとすぐそれを受入れてやるなど、一貫した政策を見られなかったこれは民主党指導者たちの無知と無定見からきたものであることはいうまでもない。

第二には、民主党指導者たちは「口で政治」をする習性が痼疾化され、口上手ではあったけれども実践が伴わなかった。電力三社の統合問題だけでもその良き例になる。民衆は、指導者が業績を見せてくれない限り従わない。

第三には、民主党は国民政党として、指導者と民衆との健全な関係を形成できず、ただ候補者と投票者における一種の取引関係を形成しただけである。従って民主党の指導者たちは、選挙区民たちから「票を乞う者」であり、選挙区民は「票を恵んでやる者」にすぎず、その代価として金銭あるいは利権を求める関係にあったのであるから健全な指導力が形成されるはずがなかった。そのため張政権の幹部たちは、常時地方の選挙区から上京する猟官輩、利権輩たちに取り巻かれて身動きもとれなかった。

第四には、張博と民主党幹部たちには、決断力や勇気がなかった。従って彼等は学生デモや分党問題にも断を下せず、当面問題について対策も講じられなかった。これという政策もない上にそれを敢行する勇気もなかったのだから、指導力がいかにして形成されるか！

指導者は、危機にあっては先頭に立ち、危険を冒してでも危機を克服し、難関を突破してこそ、その威信が保たれるものである。民主党一派は全くそれに欠けており、張博は馬山に行ってデモ隊に追いかえされてしまったくらいだから、どうして一国の最高指導者といえるだろうか？

結局、張政権と民主党一派は、過去においては反日抗争の闘志も持てなかったのみか、斬新な政治感覚も欠けていたため、新しい民主々義的指導勢力として、自己の位置を確立することは到底無理だったのである。民主党は四・一九後、当然新生活運動を汎国民運動で展開し、自由党治下の根強い腐敗と旧悪を一掃することにより大きな力を傾注すべきであった。しかし、民主党は執権前夜すでに国民から離脱し孤立していたのである。

民主党一派の幹部たち自身が、腐敗した旧支配層であり、安逸主義と事無かれ主義に浸っていた前時代の遺物に過ぎなかった。

彼らは、「小さい政治」である「票乞い政治」にのみ目がくらみ、「大きな政治」である国民教導と社会再建の汎国民運動の必要性に気づかぬほどに愚かであった。

民主党一派は、一九六〇年代における後進社会の革命旋風にも無感覚であったのみか、アジア、アフリカ大陸にまつわる「民族の再発見」に無知であった。今日のわれわれの時代は後進国革命の時代であり、「後進国をめぐる経済開発競争の時代」である。この歴史的な民族の課題を前にして、国民を呼び起すのはおろか自党内の紛争仕末も手に負えぬ「お寝ぼけ政治」は終末を告げてしまったのである。彼らは後進国の人間革命と社会改革のため、全国民を教導し国民的指導力を育成することに怠慢であったのである。

三　張政権の崩壊

一言に要約すれば、短命だった第二共和国時代は、自由党的罪悪がそのまま残り、社会の混乱は極度に達し、その上思想的姿勢が動揺され容共的色彩まで帯びてきた。第一共和国の歪んだ権力意志と、事無かれ主義、安逸主義的な国民精神は全く革新されず、無責任な放縦と黄金万能思想が国をむしばんでいった。

第二共和国は、弱体内閣のもと虚弱体質であったため、前政権的な慢性病菌だけではなく、新たな病菌まで加わったのであった。その一つは容共亡国病であり、反国家的な機会主義である。二つには、過剰した政治の自由が、種々雑多な政党乱立を招き、各新聞は言論の自由を逆利用したため、言論の横暴、無責任な放言による弊害は実に大きかった。三つには、無批判的な外来文化に対する感受性である。張政権下の「日本旋風」は、わが国の民族的理性を麻痺させ、ソウル・釜山などの主要都市では、喫茶店ごとに日本のレコードが流れ、中・高等学校の生徒のために日本語講習所が百余個所もでき、日本のエロ雑誌、小説などが氾濫した。張政権は「知日内閣」あるいは「親日内閣」の非難を受け、日本の展示効果の強い商品が、密輸ルートを経てわが国の市場を埋ずめた。

このように各種の病菌に悩まされながら腐敗した第二共和国は、その症状が激しくなり、自滅直前には自分から進んで手術を求めなくてはならない症状にあった。これが、一九六一年の年が明けてからひろがった四月危機説である。この執権党の危機意識は、失策が袋小路に至っている自己恐怖から来たものであった。張政権唯一の施政であった国土開発隊は、中味のない宣伝劇におわり、税率引上げによる物価昂騰は、漸次民主党に対する不信を強化させるだけであった。

「四月危機説」は、これだけ腐敗すれば何か起こるに違いないという予感であった。民主党は執権党として国政を施す自信も信任もみな喪失してしまった。この危機を救出し、民族の大路に光明を回復させるため、やむなくわれわれ軍が蹶起せざるを得なかった。一九六〇年四月の学生革命以後、志ある青年将校たちは、有能な政府が樹立され、韓国民主々義が真に再建されることを望んでいた。しかし、張政権は混迷していく政局と脱線していく国民与論を是正もできず、ただ徒労をくりかえしていた。

われわれは、自由党的な腐敗の民主党的な延長を、いつまでも放任しておくわけにはいかなかった。民主々義の外見が一時中断されるのは、民主々義が破壊されてしまうよりはましであろう。「吾は破壊に来たものにあらず建てに来たものなり」とイエスがバリサイの信者たちにいった言葉をおもい出す。

軍事革命は決して民主々義の破壊ではない。むしろ韓国民主々義の救命作業であり、病んでいる民主政治に対する臨床手術である。手術を受ける祖国に対して熱い愛を抱き、キレイな手で腐敗した部分を切開する仁術の心ずくしをもって軍事革命をおこしたのである。医師は、患者が回復期に至れば、家に帰し自分で静養するよう自助自存させるものである。わが革命軍も民政復帰を堅く約束した。

韓国民主々義を救わんとする十字軍の忠義をもって義旗を挙げたわが革命軍の心中は、民族的自覚と祖国愛に燃えている。軍人は祖国の楯であり、国民の子であるが故に、前線を守っていた視野を首都に転じたとき、われわれの胸は痛かった。悲しみと屈辱だけのわれわれの過去史をふりかえりながら、四月革命後にも悔悟を見せず乱闘劇を演じていた既成政客たちに対する憎悪の慟哭を爆発させたのである。

悲しみと日蔭のない祖国の将来のために、自責の熱い涙と悔悟の涙で、共に恥辱の過去を洗い流してしまおうではないか。

後進民主々義と韓国革命の性格と課題

V 後進民主々義と韓国革命の性格と課題

一 現代後進民主国家の危機

過去においては口先だけで民主政治をやった。しかし偽りのないところ、それは真の民主政治あるいは議会政治ではなく、他から拝借して来た民主政治を外見だけ模倣したことに過ぎなかった。

もちろん、解放後十数年の間、諸制度の面において韓国の民主化を達成するために努力を続けてきたことは事実であるが、実際にその結実は見られず、その実効を収め得なかった根本的な要因を掘り下げて見ると、他の国が数十年または数百年をかけて実を結んだ民主々義は、わが国においては、その豊饒な実を結べるだけの主体的な条件を、われわれ自身が持っていなかったところに基因するものと見られる。

民主々義が成功するあらゆる主体的な条件が成熟しなかったということは、西欧的民主々義すなわち西欧的な議会政治の制度的な外見だけを模倣したからといって、チョンマゲを結っていたわれわれの姿が一朝一夕にして変わるはずがない。歴史的な背景とか文化の伝統とか経済的な諸条件が、西欧のものとは本質的に異る韓国のような新興国家において、議会制度が持つ本来の効果がそのままあらわれると期待するのは、一つの速断であるかも知れない。西欧の社会とは異なり、わが社会にはまだ農村の尨大な文盲と経済的な極度の貧困と伝統的な文化様式、また都市における、大量の失業と共に社会的な不満と不安などが澎湃しており、全般的に国家の産業化の程度が大変低い。

議会政治の御本尊ともいうべき英国の場合でも、その議会政治は産業革命に伴って発展したものであって、ある意味においては、産業革命―ワットの蒸気機関―の結果ともいえるが、これに比べて後進民主国の議会政治は、その国が完全な産業化を経ずしてただ制度的な面だけを西欧の民主々義の外見だけ模倣したため、厳格な意味からいえば、近代民主国家に要望される近代的な政党制が確立される前に、すでに政党の腐敗とその逆機能が表面にあらわれるのである。

したがって、民主政治や議会政治が本来の意義を忘れたところから、むしろ民主政治の名のもとに、政治の組織的な腐敗が横行し、議会政治の各分野で、政治人の組織的な不正が盛んになり、選挙の美名下に金品の取引による選挙権の売買行為が生じるのであり、代議政治という体裁のいい蔭では、情実人事と利権運動が横溢するものである。

いままでの韓国が、西欧的な代議政治なる制度の「衣」を拝借したけれども、実際にそれはわれわれの身についた「衣」でなかったため、その制度の蔭でいろいろな副作用をおこし腐敗と不正だけが曝露されたのであり、このような政治の組織的な腐敗と不正が全国民の生活様式に浸透していくにつれて、日頃清廉潔白な人も一たん官職を貰うとなると、良いところにいる間に何とかひと儲けしようと思うようになるのが、一つの通念となってしまったのであるが、このようなところから、いかにして国民の勤勉と誠実を促すことのできる社会紀綱が確立され、国民の心を結束しうる正義感がその光明を望みうるだろうか? このような組織的な腐敗を防げる斬新なそして強力な社会勢力が健在していたとすればともかくとして、現実に市民的な社会勢力が健在し得ないところでは、わが国だけではなく、このような腐敗によって腐敗からくる共産党の間接侵略の勢力を防禦できる唯一の社会勢力は、いうまでもなく軍人であり、軍の将校団であるといえる(コンロン報告書から)。

わが国のような後進民主国家においては、西欧的な文物の急激な模倣が、結果的にはわが国既存の伝統的社会構造を急速度に崩壊し、持続性ある民主国家の創建と同時に国民の要求を充足させうる再建は、容易に実現されなかったのみか、社会の崩壊と再建が歩調を合せられなかったため、アジア人の生活のあらゆる面に、いろいろな危険と不安を含んでいる。しかし民主々義と代議政治の制度の外見だけを模倣したところで、韓国のように農村の尨大な文盲、極度の貧困、無数な失業者、経済的な破綻、社会的不満と不安などが膨脹している社会においては、容易に共産主義に対する免疫剤である政治的成熟と経済的再建が達成されることを望めはしない。国家を自立させていく上に必要な制度と、国民が自らの双務的義務を果たせなかったうえに、政府が国民にその義務を履行しうるよう積極的にリードもしなかったのみか、かえって国民をして国家意識を喪失させ、国民としての義務を忘れさせた関係上、われわれの社会的危機は悪質的に助成されてしまったのである。

このような政治的、経済的、社会的、思想的な諸危機を克服できる道を見出せないとすれば自治能力のない民族に転落するか共産党に呑まれてしまうくらいが関の山であろう。

二　危機の本質

わが国だけではなく、わが国と共通するアジアの諸国は、歴史的、社会的な背景に起因するアジア社会固有の危機に直面している。アジアの殆どの国は、文盲に近い大衆の本能的な欲求の圧力を受けながら、急速な経済的進歩を実現させうる道を提示しなくてはならない。経済的または社会的貧困からくる国民大衆の正当な不満を、一日も早く政府の財政力をもって充足させるべきであり、またこれらのために取るべき即刻的な行動を躊躇できない社会的現実に直面している。

それだけではなく、わが国以外にも殆どのアジアの新生民主国家たちは、世界列強の世界紛争に捲き込まれているか、さもなければ米・ソ冷戦の重圧の下で喘がなくてはならない運命におかれている。さらに政府の手段、すなわち財政力と国民大衆の要求との間には倒底克服することのできない距離がさえぎっているのである。

元来、後進社会の民主々義陣営における西欧化や近代化は、事実上急速に国民大衆の政治意識の高度化を齎らし、その国の国力では手に負えぬ程度の国民の欲求水準を一挙に高めたことも否定できない事実である。西欧化、近代化の結果が国民に及ぼす影響は、われわれをして「煙草ならこの煙草を」くらいは分かるようにさせ、「衣類ならどれが高級であるか」をも分かるようにしたことを考えてもほぼ見当がつくものである。しかし上昇一途を辿る国民の期待水準に対し、経済的貧困のため足踏みをしている後進民主国の国家の財政力では充足させうるものではない。そのため、政府や国家の力で充足されない国民の欲求水準は、ついには社会経済面の不満を生み、これに因り社会的な圧力が漸次増大されていかざるを得ないのである。

その社会的現実の中で、これらの問題を解決するためには、国民大衆の同意によるべきか、あるいは強制によるべきかを判断することが切迫した問題とならざるを得ない。この選択こそ深刻なものであり、おそらく今日のアジアにおける後進民主国の内政の重要な課題であり、かつ近き将来におけるアジアの政治的発展を大きく左右するカギとなるであろう。

今後のアジアの政治的発展は、経済外の条件の付かない外国援助を受けて自由民主々義の道を選ぶべきか、さもなければ国民大衆を厳重な規律下におく全体主義の道を選ぶべきかについての論争と選択があるが故に、自由民主々義ははじめから至極不利な条件のもとに出発するのであるということを卒直に認めざるを得ない。われわれはあくまでもわれわれが指向する自由民主々義を確立するために、現存アジア社会に内在する固有の反民主的な要素を認めることに誰よりも素直であるべきだと私は思う。

過去アジアにおいて民衆の同意によって政府が成立した例は殆どなく、また政府の政策あるいは方針が寛大であった証拠もない。このような意味からして、アジアにおける社会学的遺産は寡頭政治であった。もちろんヨーロッパ諸国もほぼ同一な状態から出発したけれども、選挙による代議制が実現できる良き社会の風土が築かれたのであるが、その背景となった経済的条件が、アジアにおいてはまだ存在していなかったのみか、よしんば存在したとしてもそれは不充分なものであった。

アジアにおいて、国民大衆の生活条件を改善しようとする試図と努力が効果をあげうるためには、大概非民主的な非常手段を講じなくてはならなくなり、政府が西欧で言うところの民衆の政府をつくりあげるのは不可能に近い。また一方、現在アジアの国民大衆は、政府が全体主義の名のもとに強圧的な義務を賦与することをおそれる以上に飢餓と貧困を一層おそれていることも否定できぬ事実である。したがってすべての政府は飢餓と貧困を避けるために、また他の危険を冒しやすい位置におかれていることも否定できない事実である。

また、民主々義の形態を維持しているアジアの諸国が、共産主義政体の圧力に対して確固たる方針と確信をもっていると断言することはできない。事実上欧米で成長した民主々義は、多くの試行錯誤の中にできた進歩の結果であり、紆余曲折を経なくてはならない諸要因を含んでいる。西欧のこのような自由民主々義は比較的経済繁栄を享受している国ではその実効をおさめ得たかも知れぬが、悲惨なほどに切迫し、難しい多くの問題を抱えて、しかもそれを即刻に処理しなくてはならないアジアにおいては、自由民主々義の道は事実上、荆の道といわざるを得ない。

とくに西欧型の民主々義を提唱するアジア人は、概して自由主義的政治制度において、自由主義経済の原則と自由企業の方法などの二つの方法に、同様の関心をもっているが、しかし、アジアの民衆は自由経済開発が阻害されると考えてからは、自由経済の機構だけではなく、否応なしに初めは必ず採用しなくてはならないものと思った自由主義の政治制度までも疑うようになる傾向があるということも否定できない。

政治的平等を経済的領域にまで拡大させた傾向もまた、欧米においては極最近のことではあるが、このような傾向が最近にいたり、はじめて問題となったのは、欧米における自由民主々義の原則も経済的な繁栄が実現されうるというところにその決定的な原因がある。

しかし、アジアにあっては必ずしもそうではなく、またアジア人はそう思ってもいない。すなわちアジア人は何よりも先に経済的平等を樹立され、その上での平等な政治機構の発展を望んでいるのである。政治的民主々義の前提になる経済的条件とか基盤をつくれないところに、民衆の真の支持の上にたつ民主々義の成長がありえない。アジア社会においてこのような経済的措置が取られてなかったため、自由民主制度は歴然として不平等を露出する社会機構に因り殆どその意義を喪失してしまった。このような国民に経済的な平等を約束した公約が実行されなかったということは、現在アジアにおいて民主々義制度の威信を除々に落とす原因となっていた。われわれが十数年の間、見たり聞いたりしたとおり、選挙権にしても飢餓に直面している人間に対しては何等意味のないものであった。

その間、計画経済の移行を力説する思想がアジアに侵入してきた。「見かけ倒し」の民主々義は、飢餓と絶望に疲労した国民大衆にとってはあまりにも無意味なものであった。したがってこの経済的な貧困と飢餓を克服する方法として、組織的な計画経済の看板をかかげたのが、すなわち共産主義の左翼独裁権であった。しかし左翼独裁権の長期計画に必要な投資を確保する目的で強行した経済は、国民大衆に対しあまりにも大きな犠牲を要求したのであった。そうでなくても貧しい国民所得であるところへ、その大部分を長期計画に投入させられると、即刻的に生活水準の改善を要望している国民大衆から激烈な反対と圧力を受けるのは当然である。この悪循環の中で、共産主義組織者たちは思想の統制、言論の徹底した抑圧、秘密警察などの手段に依存せざるを得ず、また国民の反発と不満に直面した政府は、権力によって蓄積した資本の大部分と武器の購入、製造に注がなくてはならなくなる。つまり、これが共産主義者の官僚主義的弾圧がその域を脱した所以である。

したがって、後進民主地域における国民大衆の生活向上を図るための経済開発計画は、どこまでも実質的な国民各自の所得が増大される方向に実施されなくてはならない。何故ならば、国民大衆の生活向上を目標とした長期的な経済計画が、ともすると計画本来の目的と理想を忘れて、長期の経済計画に所要する投資面にのみ偏向し、結果的に国民大衆をあらたな貧困に追い込む強圧的な組織と計画になりがちであるからである。したがってわれわれと同じ後進民主国家で実施せんとする経済開発計画があくまでも民主々義を再確立するためには、長期的な経済開発計画と国民所得の向上という二律背反的な原則を忠実に調和させ、終局的には国民福祉、とくに国民各自の福祉向上を助けるところにあるべきだということを断言したい。

したがって、西欧から払下げになった自由民主々義の理念と体制（たとえそれが外見的であるにしても）の下に、終局的に国民各自の所得を高められる経済開発計画をある程度成功的に達成できるか否かが、たんに韓国だけではなく、アジアにおける本当の民主々義の成敗と将来を決定する唯一の関鍵となるであろう。

三　革命期における民主々義

——行政的民主々義——

わが国だけではなく、アジアの一般的な社会経済的情勢によって幾つかの国を除いて、西欧から直輸入した民主々義は、その実効をおさめることが困難であることはすでに述べてある。

とくに、革命が不可避なものであったわが国にとって、真の民主々義を再建確立するための過渡期的な段階の民主々義は、どのようなものでなくてはならないかという点を考えなくてはならない。それはたとえわれわれが西欧的な民主的コースにのみ期待できない民族的な危機と国家的な存亡の岐路にあって、暴力という非常手段に頼って腐敗と旧悪を一掃することに命を捨てる覚悟をしたとしても、われわれの革命行為の目的が、民主々義的な制度と理念を永遠に否認するのがその目的ではなく、どこまでもまともな真の民主々義と民主社会を再び建てるところにその目的と理念があるのであるから、われわれは革命段階においてのわれわれの行為と路線の性格を闡明せざるを得ない。

要は、われわれの革命が民主々義の価値を抹殺し、否認しようというのではなく、遠からずして真の民主々義を確立していくものであれば、革命段階におけるわれわれの行為と路線とその性格も、事実上「民主々義的な」ものでなくてはならないと考える。なぜかというと、今日なくして明日がありうる歴史の法則はあり得ないからであり、現在なき未来が存在し得ないからである。かかる意味から、革命が第二段階、第三段階に入ったと見られる時期においては、できるだけ将来のために、民主々義的な要素を国民に扶植し発展させていかなくてはならないと考える。

したがって、私は革命期間中においてわれわれが指向する民主々義は、西欧的な民主々義ではなく、つまりわれわれの社会的、政治的現実に合う民主々義でなくてはならないと考える。この民主々義は、すなわち行政的民主々義（Administrative Democracy）といえる。

私が、われわれが今行っているのが行政的民主々義でなくてはならないといっているのは、われわれが今までの腐敗を一掃して国民たちの自治能力を強化し、社会正義を具現することが当面の目標であるとすれば、その方法として民主々義を政治的に直ぐ達成させるべきではなく、どこまでも過渡期的な階段においては、行政的に具現させるべきであり、その方法として民主々義を「上から」下へ流れてくるものでなく「下から」上へと昇っていく民主々義に、つまり下の方で悟った民主々義、国民自身が自己の過去の惰性を是正し、新たに出発し発展する民主々義とならねばならないと考えるからである。

政党政治の非正常的な圧力によって、政治の組織的な腐敗と不正が、わが社会のあらゆる組織の細胞にまで浸透している現実の中で、政治的民主々義の理念を生かすという名目で直ちに選挙を行ったところで、従来からこびりついている悪い毒素が、一朝一夕にして消え失せるものではない。しかしわれわれは、約束通り民政移譲期にいたれば、選挙を行い新しい国会を構成しなくてはならないのであるから、一日も早く国民各自が旧悪から脱皮し、無知から解放され、各自の運命を正当に決定できる政治能力が向上されるべきであり、そのためには何よりもまず国民各自が「下の方から」自治能力を培養しなくてはならない。しかし前述したごとく、われわれは民主々義を再確立しなくてはならないのであるから、民主々義的価値観と訓練を発展させねばならないという理念的な要求からして、たとえわれわれが革命段階において完全な政治的な自由民主々義を享有できないとしても、最少限の行政的レベルにおいては民主々義的原則が固守され、民主々義的原則によって国民の意見と権利が尊重されなければならない。

したがって、過渡期的な革命段階において、われわれが当面の目標としている行政的民主々義は、政府がなすことに対して国民の正当な批判と建議を封鎖するものではなく、むしろこれを歓迎するものであり、国民与論の前に政府の業績を審判し、国民の正当な意見のもとに政府の非（もし非があれば）が是正される方向にあるべきだと考える。

行政府の非があるとすればこれを是正し、これを告発する権限が賦与されており、またこのような能力を育成しなくてはならない。行政府のあらゆる職権行使において、革命期であっても民主々義のルールと民主々義の原則のもとに実現されなくてはならない。いくら革命期であるといえども、行政権の行使が非民主々義的であれば、これは結局、革命の理念自体を冒瀆するものであり、革命の精神そのものを否定する結果になりやすいということを私は確信する。いくら革命期であるからといえども、全国民はその義務と権利においてはみな平等であり、平等に法による裁判を受ける権利が保障されるべきであって、もしこれら国民の不当な権利侵害があるとすれば、それは事実上革命課業遂行という名目のもとに、それが意識的、無意識的を問わず一種の越権行為を生むことになる。

四　行政改革と国民の自治精神

わが国の革命の目的が自由、平等、正義に立脚したまともな民主々義的政治体制と併せて経済、社会、文化体制を建設確立することによって、革命期間中比較的短期日内にあらゆる分野にわたる後進性を脱皮し、全国民が良く暮らせる均衡な福利と福祉を増進させるところにあることは白明の理である。そのためには、政治、経済、社会、文化など各分野において、李・張政権の組織的な不正と腐敗に対し窮極的に責任を負わなければならない過去の腐敗した政治精鋭分子と、また彼等が利用した機構に対して果敢な手術を加えなくてはならないことはもちろんであり、その反面、真の民主々義を指向する国民的な雰囲気と汎国民的な政治環境を助成することによって、民政に復帰した後でも、二度と実行において不正と不義が再び横行できない土台を、革命期であるこの機会につくっておかなくてはならない。

もちろん最近にいたっても、公務員非違調査委員会を設けたけれども、不正と不敗の惰性を捨てきれず、以前に逆戻りする者がいるとすれば、祖国と民族の将来のために、国民の名において徹底的にその罪科を追及しなくてはならない。旧政権の不正と腐敗に対しても、それに関係する者の人間個人には気の毒であるが、民族正気を是正するためにはその責任を追及するのもやむを得ないことである。不正腐敗に対する手術は一罰百戒主義と重点主義を原則として、なるべく革命期間中にあっても短期日内にこれを完了するようになるであろう。ただし、このような措置が民心の動揺や国民生活の萎縮を招くところにその目的があるのではなく、明るく健康な民主的な協同社会を実現させうるポイントをつくるところにその根本目的があるが故に、不正と腐敗に直接的な関連のない善良なる一般国民大衆は特別な威圧感や恐怖感に捉われるところなく、安心して自分の生活に従事できるようにし、社会生活の正常化を期すべきである。

過去の不正腐敗の処罰規定に該当する人士に対しても、革命課業の進渉にしたがってその行為の軽重に見分けをつけながら、この国の国民の一人として革命課業に積極参加できる機会をつくらなくてはならない。

前にも重ねて指摘したとおり、このたびの革命が真の民主々義をこの地に築くためにあったものであるが故に、一般国民大衆に実生活を通じて民主政治に対する国民の義務と社会的な責任意識を高揚できる社会教育——国民運動もその一端を担当するであろうが——を徹底すべきであり、また一方、民主政治の原理および遵法精神を高揚しなくてはならない。地域社会の開発活動や汎国民運動や公報活動などの組織体を通じて、数千年の間継承された安逸主義、事なかれ主義、適当主義、事大主義、依他心など種々の民族的弊習を是正しながら真の民主々義的な諸権利と義務を、正当に国民各自が行使できるよう民主々義的生活方式、立憲政治の原理、遵法精神に関する政治教育を、映画、座談会、講演などを利用して全国的に実施しなくてはならない。

このように国民各自が真の民主々義を再確立するための政治教育を通じて、従来とは異った自治能力と自助能力が向上されなくてはならないのはいうまでもないが、上層にある者は、自己の職責に応じて国民に対する責任または社会に対する責任が、もっと重くなることも自覚しなくてはならない。なぜならば、わが国民の中には、とくに上層にある者も、他人にやらせる時には法を云々し、いざ自分がやるとなると法も何もなく、どんなことでもできるという無責任な考え方をする者が多い。自分の持つ小さい権限をもって、威勢や威風をふるう時には堂々とし、何らかの口実さえあれば自分の権利主張が相当なものであるけれども、権利に伴う自分の社会的な責任と義務を果すころには、過度な吝嗇を思わせるほどに賎しい者が多い。

権利と義務、主張と責任に対する双務的な観念が発達できなかったため、現実的に民主々義の原則は放縦の原則となり、民主々義的な自由は混乱と無秩序の自由となってしまったのである。デモやぶち壊わす自由はあっても、法を守り、道ばたに散らかっている紙屑を拾う公衆道徳はまともに発展されなかったことを見てもわかる。したがって民政が移譲されるまで、革命期間は精神的な面から見れば真の民主々義を享有できる国民の精神的基盤をつくるための国民精神再教育の期間であり、国民自治と自助能力を向上発展させる国民啓導の期間であり、自己の権利だけではなく他人の権利も尊重し、他人と社会のために心と精神を捧げる国民奉仕精神昂揚の期間であるともいえる。

以上述べた幾つかの点は、主として革命期間における国民の立場から、国民各自が是正していかなくてはならないことで、一方政府も政府として果敢な行政改革を断行し、これを継続的に推進していかなくてはならない。このような行政改革において、基本精神は従来のわが社会を支配した伝統的な官尊民卑思想による前近代的な官僚主義や腐敗不正の高級官吏たちがいわゆる余録を求めて、無条件に事務を自分が担当した掌握観念に捉われてきた高度の中央集権主義をなるべく止揚し、地方自治の方向に行政体制を民主化させなくてはならないことはもちろん、とくに行政の権威が階序制の頂点である、主として「おエラ方」にのみ集中する現象を止揚して、各級官庁の行政官吏たちが発揮できる創意的な指導力を振作、発展させることによって、なるべく行政管理の効率化を期するよう努力せねばならない。もちろん、多少の国民的な陣痛はあっても、この革命期に徹底した行政改革を実現させなくては民政に復帰した後、行政の能率と民主化を発展させることは難しいと思われる。したがってたとえ当事者個々人にとっては少し苛酷で気の毒ではあるが、一人を犠牲にして百人を救い、百人を犠牲にして一万人、十万人を救い、幾人かの利害関係者には気の毒でも、一個人の利益を犠牲にしてでも三千万の利益を救うために、われわれが後者を択ぶことはやむを得ないことである。

このように必ず行われなければならない行政改革と行政の民主化の一環として、官僚主義を止揚するための行政組織を研究発展させ、その管理を合理化させなければならない。そしてその管理を合理化させるだけではなく、同時に行政組織内に効率的な民主的統制を不断に加えることによって、従来によく見られた公職の私物化を防止しなくてはならない。行政改革と行政の民主化は、管理の合理化だけではなく、効率的な民主統制を期さなくてはならないということは、われわれの革命が民主々義を再確立するところにあるからである。たとえ革命期といえども行政的な民主々義は着実に遵守されるべきであって、管理の合理化に併せて行政自体が国民のためになり、行政の当事者たちも末端の者の立場を理解し、または行政組織内に関係する者たちが人格と能力を認められ、不当な高級官吏の越権行為を部下官吏または一般国民が牽制できる行政の民主的統制を重要視せざるを得ない。従来においてはこのような管理の合理化と特別な民主的統制がなかったため、公職が私物化されたのであり、私物化されたことによって生じてくる組織的な腐敗が、われわれを病ませる結果になったのであった。

また国民各自が自治能力を発展させるだけではなく、行政面にも国民の自治能力を涵養できるよう地方自治制の発達を指向しなくてはならない。かかる意味から五・一六革命以後、地方行政改革を断行する際に、中央の諸権限を可能な範囲において地方官庁に大巾に譲る方向に傾いてきたと考えるが、今後も地方自治が発展する上に、国民の自治能力と自助能力を向上させうる方向に向かわねばならない。

すでに着々と進行されつつあるが、一日も早く近代的な人事制度を確立し、人事管理を合理化することによって、わが国の政治が組織的な腐敗を生んだ猟官の弊習と情実任用主義の弊風を一掃することはもちろん、国民の利益を図り創意的、能動的に各自の業務に従事できるような健全で清新な官吏気質を造成しなくてはならない。いかにわが国があらゆる分野において改善されていくといえども、その指針となるべき官吏の吏道が公正でない限り万事が無駄であることをわれわれは知らねばならない。事実、政治の組織的な腐敗（議会の政党政治において）も、実際は官吏が原因で生じるのであるから、社会の清新な紀綱を確立するためには、腐敗を憎み公正な仕事をする者を賞することを知る吏道が先行されるべきだと考える。もちろんこのような吏道の確立には、過去の少なかった俸給から見て無理もなかったと考えられるが、この不合理な点については、革命期に如何なる方法を講じてでも是正する道を選ばねばならない。金持ちの官吏をつくりあげる必要はないが、生活を保障された官吏は国の将来と社会紀綱の刷新のためにも必要だと思う。

社会再建（国家）の理念と哲学

Ⅵ　社会再建（国家）の理念と哲学

一　平和と自由―人類の希望

われわれはいま、人類の歴史上未曽有の危機と矛盾に直面している。原子力をつくりだした人間が、いまやその原子の前に恐怖でおののき、最高度に生産力を発展させ巨大な富を積みあげた人間が、いまやすべての人間が血と汗を流して積みあげた共同の業績の公正な分配を万人に分配できぬ矛盾の中にわれわれは生きている。人間がこの地球の隅々まで支配し、大陸間の距離を最大限に縮少させたにもかかわらず、爪先まで武装した力の陣営が今までになく各国民たちをもっと隔離させ、全体主義体制が諸国民の自由をおびやかしている現代的矛盾と危機の中にわれわれは生きている。

しかし必ず現代は、このような暗黒と絶望だけを支配する時代ではない。視野を転じて遠く未来を凝視すれば、われわれにはまだ夢がある。もし人間が今日のごとき原子時代にあって、日増しに増大していく自然克服力を平和的目的に使用することができるならば、現在のわれわれ人類生活はもっと安楽になり、不安から解放されて万人のために福祉を創造できる希望をもてる。また人間が侵略的な戦争を憎悪し、人間の尊厳性を信じて国際的法秩序を強化し、各国民が相互間に持つ相互不信を払拭すれば、世界平和を確保できる希望を抱ける。また人間が、歴史上はじめて安定された民主国家においては、万人の人格の発展を可能ならしめ、困窮と恐怖の世界を超越した多様で裕福な文化生活を享有できるという希望を捨てられない。

このような現代的危機と矛盾を克服するのは、われわれ人間の使命であり任務である。明るく、美しく、幸福な未来をつくれるか、または人間を自己破滅と暗黒の罠の中に陥入れるか、その責任はほかならぬわれわれ自身が負っている。

腐敗せず、公正で能力に応じて自己表現をし、自己表現の機会が均等に保障された新しい秩序によってのみ人間は自由の道を開拓できる。この新しく美しい秩序を追求するために努力することが、世界史におけるわが民族的使命であり、国際社会にあって、われわれが志向する国家再建の指標となるべきである。

二　社会再建におけるわれらの基本的価値観

われわれ国民大衆は、常に執権者からは見捨てられ、自己の職場では不当な収奪を受け、家庭では経済的な窮乏と飢餓に鞭打たれながら、外には侵略的な異民族の圧迫と悲しみの中に生きてきた。したがってこんどの革命後、われわれが志向する社会は全国民が国家に対し責任を負い自由な生活を享有し、また各自の前におかれた社会生活を他人と同様に、政治的、経済的、文化的に協同して営める社会を構成することにある。したがって正義と自由は、国民を規制する基本的条件とならなければならない。なぜならば、人間の真の価値は、自ら責任をとるところにあり、同時にこれと同じく同胞がその人格を発展させ、同等の立場から社会発展に寄与する権利を認めるところに存在するからである。自由、正義、そして連帯と協同、つまり共通した民族的結合によって実現される相互の義務負担こそ、国家再建の基本的理念とならねばならない。

私はこんどの革命を通じて、われわれが窮極的に実現させるべきものは、人間が人間らしく住める社会を実現させるべきだと考えたのであり、また人間らしい生活のできる社会において実現されなければならない次のような基本的要求と命題が存在すると思う。

全国民は、単一かつ強力な執行機関をもつ国際的な法秩序に従わねばならない。先進国だけがこのような機会に独占的な恵沢を蒙るべきではなく、第二次大戦後独立を勝取った新生独立国にも、人類福祉に寄与できる機会に、同じく公平に参与できる社会が実現されるべきである。したがって後進地域の新生国家やまたそれらの国民たちは、他国民との連帯を要求することのできる権利をもっていると確信する。

したがって窮極的には民主主義はすべての国家体制と生活様式でなくてはならない。それは、民主主義が人間の価値の尊重と人間の自己責任に立脚しているからである。それがために、あらゆる独裁、全体主義的、権力主義的支配は、人間の自由と良心の自由のためには断固として拒否されるべきである。なぜならば、歴史上にあった独裁制、全体主義的、権力主義的支配は、人間の尊厳を軽視し、自由を剝奪し、権利を破壊して多くの無実な人間を精神的な屠殺場に追い込んだのであった。ここでとくに強調したいことは、共産主義者が平等も自由も、階級もない社会を唱え、平和と自由と正義の先駆者のごとくみせびらかしているけれども、彼らは自由と正義を実現しようというものではなく、自由と正義を楯にして社会の分裂を助長し共産党の新たな独裁を確立せんとするものである。

もちろん民主主義国家においても、国民は国家の命令に服従しなくてはならない。しかし民主主義国家におけるすべての権力は、公的な統制に服従せざるを得ない。全体の利益が特殊な利益に優先されなければならない。自己の私利が全体の利益あるいは国家の利益に優先するとすれば国は亡びるであろうし、その国民は滅してしまう。自己の利益のみを考え、公共の福祉や他人の幸福を枯草のごとく踏みにじった民族や社会が歴史上繁栄した実例を私は覚えていない。

したがって営利と権力欲と不正と腐敗の土台によって規制された経済、社会が振興し発展するということは歴史の逆理であると私は確信する。いや、政治的腐敗と不正と個人的な営利と権力欲によって規制された経済体制や社会においては、民主主義、社会的安定および自由な人格は崩壊され、その光沢を喪失してしまうことは火を見るよりあきらかである。故に、われわれは国家再建の機会を通じて新たな経済と社会秩序を創造することに努力しなければならない。

われわれは、教育を受ける上においても、あらゆる特権を排除する社会を構成しなくてはならない。お金のある者だけが学校へ行き、権力のある者だけが大学に入れる非民主的な特権層への教育の恵沢は、断固排撃すべきである。たとえお金がなくも、コネがなくても家閥が悪くても、山奥の孤独なやもめの子弟であっても、才能があり成績が良いとすれば、誰でも入学ができ、進学のできる社会をつくりたいものである。民主主義と自由は、多くの人たちが社会的意識を発展させ、共同責任を負うべき責任感が必要とされるのであり、このような意識が喚起され、また助長されなくてはならないと私は確信する。

しかし、自由と正義は一定な制度によってのみ保障されるものではない。すべての生活領域がより一層に技術的に組織的に発展されていても、かえってこれによって自由を脅威する新たな隷属が不断に現われている。したがって、多角の経済的、社会的、文化的生活だけがすべての人間の精神生活の麻痺を防禦し、各自の創造力を刺戟することになるのである。

三　国家秩序

われわれは魔の三八度線によって、民族の腰を折られ、われわれのまぶたに刻み込まれた懐しい山河が、あの赤い魔手の鎖に縛られている。分かたれた山河と民族が永遠に分かたれてしまうわけにはいかない。したがってわれわれは自由が確保された統一韓国を実現させるために、継続的に努力しなくてはならない。この国際共産主義者の侵略的陰謀によって、われわれの親兄弟をこの地におきながら逢えないわれわれの悲劇は、われわれの悲劇だけではなく世界史の悲劇でもある。韓国の分裂は平和を脅威するものであり、自由に向かって前進する歴史の冒瀆である。この分裂と両断の克服こそわが民族に対する最大の使命である。しかし、この分裂と両断の克服は自由が確保される統一原則のもとに実現されるべきである。故に、われわれは何よりもまず自由理念のもとに、われわれ自身の繁栄と富強が先行されなければならない。すなわちこの分裂と両断の克服のためには二千五百万のわれわれの軍事的、政治的、経済的、社会的な諸実力が培養されなければならない。この両断の克服は、実力による不断な前進によってのみ可能である。

したがって人間の価値と良心は、いかに権力者であり、偉大な人であっても、これを否定できない自由社会をつくることに、何をさておいても力を注がなければならない。人間の生命と価値と良心を否定する政治が成功した歴史がなく、このような意味から個人の生命と価値が、集団と階級の威力によって屑物のように踏みにじられている共産主義が成功するということは、人類の歴史上ありうるものではない。このような人間の命と価値と良心を踏みにじる敵は、外部にある共産主義者たちだけではなく、われわれ自身の内部にもありうるものであり、また現実的にあるということをわれわれは警戒しなくてはならない。したがって国民は自分の同胞の信念を尊重しなくてはならず、国家は個人の信仰と良心の自由を保証するために、その最大の力を注がなければならないし、またそれを保証する責任をもっていると信ずる。すなわち国家はすべての人間が自由に、自らの責任をもって自己を発展させるべく協力しなくてはならないと同時に国家の基本的な諸法は国家に対し個人の自由を確保するのみならず、民族的共同体を形成する法として国家を基礎づけるものとならなければならない。

国家は個々人が自ら責任を負い、自律的に生活を営めることを可能にし、自由な社会の発展を促進させるため、国民の生活を保証しなくてはならない。国民がすすんで責任を負って、自律的に社会の発展と国家再建に参与できない社会にあっては、国家に対する個人の自由が確保されないのはもちろんであり、自由な国民の生活が国家によって保証を受けられなかったことを意味する。したがって国家が国民の生活を保証しなくてはならないことは、法的保障から、政治的および経済的保障などが全部含まれなくてはならないが、その中でも、わが国のように後進民主主義国家にあっては経済的な生活の保障が先決問題である。職場がないため一日中公園のベンチですごす自由は、われわれ国民大衆には必要ない。職場がなく、行くところが撞球場と喫茶店で、そこで心の慰安を求めているような生活状態を容認するのが国民の生活を保障することではない。

しかし国民生活の経済的な保障も、前述したごとく、自由な社会の発展を促進するためのものである以上、われわれは民主的な原則と理念をどうしても発展させなくてはならない。したがってわれわれが、今後指向する自由で協同的な社会は、個人の私生活の尊重がその基礎とならなければならない。言論、信仰、学問、芸術、結社の自由など個人の基本的人権の侵害をそのまま放置してはならず、また国家はこのような人権の侵犯から個人を護らなければならない。それだけではなく、また個人はこのような自由を自分一人の独占物と錯覚して乱用してはならず、万人の人格の成長のために活用しなくてはならない。私がこの点を強調する理由は、わが国民の中には、過去において小さい権利を主張することは知っていても他人のため、近隣のため、貧しい同胞のために自己の任務を遂行し、奉仕することを知る心を持たない者がその中にいたからである。自己権利だけを主張し、他人の権利に対しては目をつぶってしまう人があるとすれば、そこでは、われわれが指向する自由で協同的な社会を実現できないであろう。

私は権力機構としての国家自体は何ら道徳的な価値を持っているものではないと思う。国家が道徳的な価値を持つためには、その条件として国民の自由な人格的成長を実現させうる国民社会の発展のための条件を提供できるときにのみ国家はその存在が正当化される。故に、国家は単に秩序維持にのみとどまるものではなく、積極的にこのような条件の維持発展のため努力しなくてはならない。しかし、過去に おけるわが国は、国民の福祉を増進させる積極的な国家、すなわち国民のために働き、パンを与え、渇いた時に水を与える国家ではなく、国民が経済的な貧困により飢餓線上に喘ぎ、また民主主義の名のもとに腐敗が横溢したり、自由の蔭で共産党の内部的な顚覆行為が推進されたりしても、それをそのまま放置しておく国であった。しかし、今後のわが国は、国民の経済生活を保障し、自由を享有できるような積極的な機能を遂行する国家とならなければならない。

もちろんいまは、革命の進行段階である。過渡的な強力な統治機構を維持せざるを得ないが、今後国家再建課業の発展的な成果にともない、立法、行政、司法はそれぞれ責任を負わなければならない。国家機能においてのみ民主的な原則下でその組織と機構を徐々に発展させていくべきではなく、道、郡または市、邑、面の公的権力の組織においても、自由の原則を強化し、共同決定と共同責任を通じて民主々義的諸制度がもつ種々の機会を国民に公平に与えられる組織と機構に発展させていくべきである。このような意味からして、私は、市、邑、面においては自由の原則を尊重し、それを拡充して、財政的に保障することが最も重大な課題であると確信する。

諸団体や諸階級の人たちが、共通の目的で結合している団体であるならば、現代社会において不可欠な制度である。しかし、このような団体の活動は、民主々義的秩序を守らなければならない。その勢力が大きければ大きいほどその責任も重大であり、ともすれば力を悪用する危険性も多い。議会や政府やまたは裁判所は、各種の利害またはその代弁者からあまりにも偏向した影響下におちいってはならない。

民主的で自由な協同社会においては、新聞、ラジオ、テレビおよび映画は、公共的役割を遂行するものでなくてはならない。この媒介体が自由そして独自的にいかなるところにおいても私心を抜きにしてニュースを集め整理し、また自己の責任のもとで見解を述べ、それを役立たせるようにしなくてはならない。しかし、私は、今までのように、政治的に利用され、虚偽事実を作り、弱い国民のスネをかじる似而非言論機関や言論人の自由な活動が容認されるべきではないと思う。これはあくまでも、ラジオ、テレビ、新聞のごとき媒介体は公共的で公正な性格を保持しなくてはならないのであり、その責任を感じなくてはならないということを意味する。つまり、このような媒介体は自由に、民主的に運営されるべきであり、またある一派一党にかたよった影響の下に運用が左右されるとか、それが持つ社会的責任を忘却してはならないということである。

また、裁判官は、国民の名においてのみ法を扱うようにするため、外的にも内的にも独立されなくてはならない。今までは、お金のある者、権力のある者が法を自分の意のままに左右した傾向が多くあったし、無力な一般大衆は法の正当な保護を受けられない時が多かったが、今後は、経済上の優劣や権力の強弱が裁判の訴訟方法や判決を左右してはいけない。諸法規は、環境に応じて社会的な発展と歩調を合わせながら法の理念を実現し、同時に法意識と矛盾しないよう裁判官はもちろんすべての国民は努力しなくてはならない。

四　最大の自由と最少の計画

革命後われわれが志向すべき経済、社会、政治の目的は、一言にいって国民大衆の福祉の不断な増進、隷属と搾取のない自由な生活とともに増大される所得に対し、国民大衆の公平な参与を実現するところにあるといえる。もちろん、われわれが理想とする国民大衆の福祉の不断な増進とか搾取と隷属のない自由な生活は一朝にして実現される簡単なものではない。しかし、少くともわれわれの社会経済秩序の根本的な目標は、たとえいますぐ実現することは無理であるとしても、われわれがこれのために前進すべき目標である。

このような目標を達成することに先立ち、解放後十数年の間、足踏み状態をくりかえしてきた韓国の貧弱な経済力がより向上し、萎縮されている生産力が飛躍的に成長しなければならない。この飛躍的な経済成長を実現させるためには、目前にある個人の利益にのみ捉われることなく、これを是正し、少くとも共産勢力の脅威に直面している韓国の悠久な将来のために、公共の利益を優先させる社会、経済、秩序を確立すべきである。このような公益優先の経済を実現させるためには、われわれが持っているところのすべての資源の合理的配分を可能ならしめる経済の計画化、または長期開発計画が緊急に要請される。このような意味から、革命後初めての計画である第一次五カ年計画を革命政府のすべての力を結集して成就しようとするのも、長期開発計画なくして韓国の生産力の増強や雇用量の増大を期待することはできないからである。

しかし、経済の計画化やまたは長期開発計画が、個人の経済活動の創意性と社会的自発性を減少させる結果をきたさないよう特別な措置と特別な努力を傾注しなくてはならない。そのためには、あくまでも経済の計画化やまたは長期開発計画化は、その目的が国土の綜合的開発を行うことによってその利用度を高められるため、経済の合理性の増進という観点から産業配置の地域的再編成と投資の計画化を推進し、必要に応じて行政的統制を行う場合もありうるが、しかしあくまでも価格機構と競争がもつ長所を充分活用して、独占的慣行の弊害を排除しなければならない。

したがって、計画化のための計画化は、してもあってもいけない。しかし長期経済開発計画を強力に実行するうえに、そしてまた巨大な経済力を国民統制下におくために、必要な限度内で、産業の公益化は公共の利益を図る公正な方法として必要であるかも知れない。しかし不当な個人の私利を図る独占的な弊害を除去するため、公益化される産業にあってもできるだけ競争的要素を導入すべきであろう。

また、わが社会が克服すべき最大の経済的試練はいうまでもなく莫大な失業対策である。失業は、周知のごとく単純な経済的資源の浪費であるのみならず、失業者の道徳的資源の頽廃をもたらすが故に、いかなる方法を講じてでも完全雇用のため一歩一歩前進しなくてはならない。尨大な失業が放置されたまま国民の精神的な自覚を促す国民再建運動はその実効をおさめ得るものではない。したがって職場のない人たちに職場を与えることは、単に国家の国民大衆に対する経済的な恵沢を与えるだけではなく、国民大衆に道徳的な紀綱を鼓吹する副次的な手段となるのである。このような点からして、雇用の拡大の実現は国家再建途上にあっては先決問題である。よってわが国のように領土が狭く資源が豊富でない国では、貿易を拡大し、近代工業を興すのが完全雇用を実現するうえにおける緊急な問題とならざるを得ない。すなわち産業立地を計画し農村地帯の近代工業を誘致し、農村の人口過剰を吸収すると同時に漸次労働時間を短縮し、完全雇用を実現する方向に進めなければならない。

米国の援助のお蔭で、わが国の人たちの中には不当に暴利を得た人も多く、過去の政治人たちや実業家たちが不当な脱税をしたり国家財産を横取りした例も中にはあった。このような点から反民族的政商輩と一部不正蓄財者たちが所有している巨大な財産は、正当な労力の成果として、認められないものが多い。したがって、今後において徹底的な税制改革を行うことによってこれらの不労所得を国家が徴収し、その収入は社会保障または教育その他公共的消費に支出し、とくに必要な場合にはそれの公益化によって公益財産を獲得することにより、所得と収入の不平等を是正し、国民経済力の平等化をなるべく実現すべきである。このようにすることによって、国民各自を中産階級化し、国民大衆に政策的受益化を期してわれわれが志向する民主的協同社会の根本的な理想を実現させるべきである。

それのみではなく公私を問わず大企業における競争者の尨大な力の拡大に対抗するため、できるだけ雇用労働者と一般勤労大衆が経営に対し発言権を増大できるよう漸進的な措置を講ずることが必要である。勤労者が単なる機械におわることのないようにするためには、勤労者の創意をなるべく集団的または個別的に産業経営に反映させうる特別な方法が講じられなければならず、国家がこのような特別な方法を講じることによって勤労者の権益を擁護し、同時に勤労大衆の自発的な強力な支持を確保すべきである。

また一方、巨大な企業間の競争がほとんどない産業においても、ともすれば一般国民大衆の利益を不当に侵害する結果を招くおそれがあるので、このような産業は、国民大衆、とくに消費者大衆の利害が無視されないように、国家は特別な配慮と措置を惜しむべきではなく、それがためには、なるべく国家行政機関またはその指導の下で任意的消費者団体の産業競争への監視と発言を漸進的に強化させる方向に導くべきである。

もう一つここで強調したいことは、資本主義、共産主義を問わず、産業の経営上の規模が巨大でありさえすれば無条件に良いと思う盲目的な考え方が強いということである。もちろん、大経営が有利な条件と部分を多く持っていることも否定できないものである。しかし、とくに中小企業がその独自的な特徴を発揮できる部門も多いということを忘れてはならない。したがってわれわれは中小商工業を萎縮状態に放置すべきではなく、国家の積極的な資金調達または技術改良の指導によってこれらを援助し、これらの協同経営化を促進することによって生産性を高め、これら中小企業の従業員たちをして大企業にヒケをとらない所得を保障するよう努力すべきである。

また、ひととおり面貌を整えた近代国家はどの国も、みな租税および財政に関する決定通貨および信用の状態に関する決定、関税政策、貿易政策、社会政策、農業政策、住宅政策および価格政策などを通じて自国の経済発展に不断な影響をおよぼすことができるのである。このようにしてどの国も、一般に、社会的生産物の三分の一以上が公共機関の手をかりるようになる。したがって問題は経済上の処理は計画が合目的性のものであるかないかではなく、誰がこの処理をし、それが誰のためにされるのかが問題である。国家というものは、経済過程に対する責任を回避することはできない。国家は前を見通す景気政策を行う責任があるが、だからといって国家が経済それ自体に対する万能の威力を発揮すべきではなく、あくまでも本質的には経済に間接的な影響を与える手段にのみ局限されるべきである。

それ故に、国民の自由な消費選択と、自由な職業選択を阻止してはならず、これは単に民主主義社会の基本価値観と異るのみか、一つの社会（わが社会のごとき後進民主国家）の経済的成長と発展のためにも悪く、かつまたあってはならないものである。したがって自由な消費選択および自由な企業家の創意こそ一国の経済的発展において決定的な要因となり、この原則の下に自由経済は自由な経済政策の主要な要素となるのである。賃金決定時の労働者の組合と使用者の組合間に生じる自律的決定は、自由な秩序の本質的な構成要素である。全面的な強制経済は、自由を破壊することである。したがって、われわれが志向する社会は、競争が常に有効に支配している自由市場を肯定する。しかし、市場が個人または集団の支配下に入るときは、経済上の自由をもつための諸措置が必要となる。「可能なる広範な競争と、必要とする最少の計画」——これが原則である。

五　所得の均等と経済の公益化

現代経済の本質的な特徴の一つは、不断に増大していく集中化過程といえる。大企業は――もちろん現段階のわが国においては必要であり不可欠な要素であるが――経済の発展と生活水準の上昇を決定的に規定するだけではなく、経済と社会の構造それ自体までも変化させうるのである。経済上の大組織において、巨大な富と数多い勤労者を支配する者は、単に経済行為だけとは考えられず、また単に経済行為にとどまらない。彼らはまた人間に対してまでも尨大な権力と影響力をおよぼすものである。このような場合に、労働者や勤労者の隷属は、経済的、物質的範囲をはるかに越え、人間の精神と人格と自尊心までも動揺させてしまう。このような意味からすれば、表面上国家の経済力を発展させるという名分のもとに、個人的な私利に血まなこになった大企業が、おそろしい力を発揮するところでは、自由な競争が存在し得ない。したがって同等な力を発揮できない者は、同等な発展の可能性が阻止されてしまうため多少なりとも自由を奪われていることになる。消費者としての人間は、経済上最も弱い地位にある。どこの国においても、どの社会においても、大企業の指導者は「カルテル」や「トラスト」を通じてより強力な力を社会の経済的および政治的な各領域におよぼすため、彼らはまた国家の運営や政治に対する影響力までも獲得することができるのである。その実例として従来のわが社会において経済界の人士が国家行政や国家政策に決定的な圧力を加え、自分たちに有利な法律をつくって、必要あれば法を曲げてまで横財ができる力をもっていた。事実これは自由な経済活動を阻害する道であるのみならず、同時に民主主義原則に反する行為である。もし彼らが経済的な力をもって国家政策を左右するとすれば、これは彼らが民主主義の原則と国民大衆の意思に反して、国家権力を横取する結果を招いてしまう。つまりこのような場合を指して、われわれは経済的な力が政治的な力に 転換されたと断言 できるもの である。しかしこのような事態が展開されることは、人間の価値、自由、正義および社会的安全に対する挑戦であり、人間社会の原理と考えられる万人の平等に対する脅威である。

したがって、大経済力、とくに私的な大経済力の国家による調整、指導、監督は、自由な経済政策の中心課題となるものである。国家や社会は、強力な利益集団あるいは個人的私欲の犠牲物ではなく、またなってはいけない。もちろん、このようなことを述べたからといって、私が生産手段の私有を否定するものではない。むしろ自由な社会は国民全体の利益や国家発展上必要な場合を除いては、生産手段の私有は無条件に認められなければならない。即ち、生産手段の私有は公正な社会秩序の建設を妨害しない以上、社会的に保護を受ける権利をもっており、また自由社会という理念的な要望にしたがってこのような権利の伸張を図らなければならない。

われわれは、中小企業を積極的に振興育成させるべきである。また、国家は、これら中小企業の競争を通じてその真の価値を発揮できるようその前提条件を実現させることに最大の努力を傾けるべきである。すなわち、中小企業の振興とその育成なくして経済の自由な競争が存立できえず、この自由な競争なくして国民個人の真の機会均等と自由な活動が保障されるはずがない。

しかし、公共企業における競争は、私企業の市場支配を防止できる決定的な手段である。かかる企業を通じて、全体の利益と国民大衆の福祉が尊重されなければならない。

また、私的な利潤の獲得を主眼とせず、需要に応じて、運営される自由な共同経済体の企業は、価格調整的役割を果すようになり、さらに、消費者大衆に有利である。したがってかかる企業は、民主社会においては、価値ある機能を遂行できるのであるから、積極的にその振興に力を注がなければならない。

われわれは、経済の権力構造と企業の経営状態に関する知識を国民大衆に与えるため、広範囲な公報活動を積極的に推進しなくてはならない。なぜならば、このような活動によって、権力の悪用に反対する与論を喚起させることができ、その与論を国民大衆のために動員させることもできるからである。また効果的な公益の管理により経済力の悪用を阻止しなければならない。かかる悪用を阻止させるための最も必要な手段は、いうまでもなく投資管理および市場支配力の管理である。

したがって、ここで忘れてはならないことは、公益化は、いかなる近代国家においても不可決の公的管理の正統的な一つの形式であるということである。それは大経済組織の過大な力から国民大衆の利益を守護するためにも必要である。大企業にあっては、支配力は主に経営者の掌中にあり、経営者は誰のものともいえない無形の諸権力に奉仕しているといえる。したがって、今日における生産手段の私有は広範囲にわたりその支配力を失っている。現在の中心問題は「経済力」の問題といっても過言ではない。故に、他の手段によっては経済的な力関係の健全な秩序を保証できない時にのみ、公益化は妥当でありかつ不可欠な条件となるのである。

しかし、たとえ経済力が国家の手によって集中されるとしても、集中それ自体が種々の非民主的な非能率的な危険を招くかも知れない。したがって公益財産は常に自治および権力分散の原則に応じて組織されなければならない。公的な経営組織にあっては、勤労者や勤務者の利益は公共の利益および消費者の利益と同じく、かかる公的な経営組織に代表されなければならない。すなわち中央集権的な官僚制度によってではなく、すべての関係者、つまり国民大衆が自己の責任を自覚して協力することこそ共同体に対する最善の奉仕であり、また民主々義の原則と精神に合致することであると考えられる。

ここでまた特記すべきことは、高麗時代と李朝時代においてはいうまでもなく、解放後、自由党政府ならびに民主党時代にあっても、社会的な所得と財産が国民大衆に公平に分配されてきたとは思えない。もちろん、その理由について語る人によってそれぞれ見解の相異はあるけれども、本質的には、少数者の所得と財産の形成にのみ利となり、国民大衆や勤労大衆の財産形成を阻害した経済政策の所産であり、その上これに伴い六・二五共産侵略による戦争の被害と財政的な悪条件による大量の財政破綻の結果であったといえる。故にわれわれは、すべての人間が自由な決意によって、増大されていく所得によって、自己の財産をつくれる生活の条件を創造できるようにあらゆる努力を傾注しなくてはならない。かかる生活条件の創造には公平な分配を伴う社会的生産物の不断な増大を前提としなくてはならない。

いいかえれば、この目的を達成するためには国民大衆の大経済体の経営資産への適切な所有、参与分が不断に増大されながら財産によって広く一般大衆に分散されるか、あるいは共通の目的のために奉仕できるようにするための適切な措置が取られるべきである。

今日において最も目立つ特徴の一つは、多くの人、特に韓国の場合には多くの農村の人たちが、いまだにあばら屋の中で飢餓と貧困に鞭打たれ喘ぎながら生きているが、反面特権階級、とくに政治的な権力の特恵の脚光を浴びてきた特権層は、無制限に安楽な私生活を営みうるということは、わが国民の羞恥であり、われわれの国家的発展を遮ぎる癌的な障碍となっていることをわれわれは痛切に感じるものである。したがって、われわれは、協同的でかつ自由な社会を早急に実現させるため、このような歪曲した現実を正す共通の課業として、累積した貧困、疾病、無知を一日も早く追放し、自由で、繁栄する福祉国家建設に全力を結集しなければならない。われわれはいま、軍事競争はもちろんのこと、「経済競争の時代」に生きている。労働者の楽園を口先だけで唱えている自由のない強制労働収容所化した、ソ連、中共のような共産主義に勝つ道は、われわれが「より良き社会」「飢餓のない社会」を一日も早く建設することであろう。

六　零細農業の脱皮と農村復興の道

経済的な自由のための政策の原則は、数千年来続いている韓国の零細農業と農村にも漏れなく適用されるべきである。しかし、韓国が宿命的に持続してきた零細農業の構造と農業生産に、現実的に避けられない人為的な要素と自然的な要因があまりに大きいため、韓国の零細農業と生産費以下の農業生産条件を改善するには、国家的な非凡な英断と特別な措置が要求される。

もちろん解放後、土地改革によってすべての農民は農土を持つ権利を賦与され、また、農土を持てるようにならなければならなかった。しかし、農地改革以後、農村には新しい型の小作制度ができ、新しい型の地主が現われ、そのうえ穀価の変動が激しかったため、農民の血と汗によって得た穀物も、時には正当な代価も得られなかった。われわれは、農業がより健全に発展できる国家の経済政策的な配慮をするとともに、韓国の農業が経済全体の発展に充分に寄与し、誰でも勤勉な農民であれば都会人に劣らぬ生活水準を確保できるよう農作法の改良と国家的支援による農家副業を積極的に奨励すべきである。つまり、農業の現代化と能率を高めることは革命政府の緊急を要する懸案である。

しかし、わが農村の実情は、数百年来同じ農業経営で代を継ぎ踏襲した耕作方法をそのまま採択してきたため、農村復興の道は、収益性ある農業経営方式を発展させることである。かかる収益性ある農業経営の一つは、すでに述べたとおり、有畜農業と農産物加工の開拓以外に道がない。この分野を開拓するために、必ず先行されるべきものは、農民各自が一日も早く依他心と宿命的惰性から脱皮し、自治意欲と開拓精神を充分発揮することである。政府は政府として、農業人口に特別な恵沢を与え、その総生産性の向上と大衆購買力を増大できるよう農業所得の確保に必要な市場政策および価格政策を講じなければならない。もちろんこのような場合においても消費者大衆の利益と国民経済上の利益を充分考慮し、われわれが当面している農村問題の諸難関を一つずつ解決していくべきである。すなわち、具体的にいえば、都会民の消費生活に決定的な影響を与えない限り、農村収入の維持と向上を図る大膽な政策を政府は推進すべきであり、われわれの友邦から善意な理解を得られる以上、農村の生産価格に圧力を加える余剰農産物の導入は漸進的に減少する方向に政府は努力しなくてはならない。

また、農民の経済的な生活向上と彼らの所得増加を積極的に増大させるため、政府と国民は農業協同組合運動を強力に展開しなくてはならない。

われわれは、経済復興のために、農業の発展が必要であり国民経済の全体的な面において少なくとも農業の自治体制の確立が緊要であり、ひいては貧弱なわが国の現国際収支を改善させるためにも、できるだけ農産物の海外輸出を奨励すべきである。また、われわれが切実に考えているところの国民経済の発展も、つきつめれば国民生活の向上において、国民の六割以上を占める農村の生活問題と彼らの経済的後進性の脱皮が緊急な問題であると考えられる。国民の六割が農民であるという点だけではなく、とくに農村と農民はわが国産業発達を促進させる広範な市場であるという点からも、農家所得の向上は至極重要視されなければならない。かかる諸問題を円満に解決することによって農民が豊かな生活を営み、ひいては国民経済が発展できる道を積極的に打開すべきであるが、その重要な内容をあげてみると概略次のとおりである。

まず、法律によって農民の高利債を整理し、農漁村経済の安全と成長を促進し、農民の生活水準を高めるため、農業生産力を増進させるべきである。革命以前のわが国の農家高利債は約八百億といわれていたが、このような高利債をもっていては、農民の生活を向上させるのはおろか、漸次困窮へ追い込む癌となり、農業に対する生産意欲を低下させ、進んでは農業生産に多くの障碍をもたらしたのであった。われわれは、この高利債を整理し、高利債の圧力からくる農民の苦痛を解消させ、農民の生活をより良くすることによって、彼らをして生産意欲を振作させなくてはならない。もちろん、革命後第一次的に高利債は整理したけれども、今後も政府は、農民に負わされるかかる悪質的な負担が再発できないよう不断の努力を傾けるべきである。もしこのような事態の兆候が現われれば、即刻的な政策措置が採られるべきであり、また事前にかかる事態がおこらないよう充分な営農資金の放出を適時に実現させるべきである。

それだけではなく、農家の所得を増進させるため、有畜農家を積極的に助成する一方、優良な乳牛をはじめ種畜を外国から導入して海外市場を開拓し畜産物の輸出によって畜産業を発展させるべきである。いままでの農村所得の内容を見ると、農民たちは九〇%以上を農業所得に依存しており、また農業所得のほとんどが米作を中心とする単作経営を止揚し、立地条件に適応した畜産、養蚕、特用作物など収益性の高い複合経営を発展させなければならない。もちろん、これに伴う市場の開拓問題と併せて流通過程における農産物の価格を適正水準で維持できるよう農産物価格維持法を制定し、農民の出血を防止すべきである。農村復興を達成するためには、単にこの農産物の価格維持法にのみ依存すべきではなく、前にも述べたとおり、農民の営農に支障を与えず、農村高利債的な諸要素を事前に防止できる営農資金を適時に大巾に放出すべきである。

また農業協同組合を、従来のごとく執権層の権力維持を図るための政治道具として有名無実に放置すべきではなく、名実共に農村の手となり足となって、農村の金融と販売事業を展開することによって、不必要な中間利得を排除し、農民の利益を擁護する機関としなければならない。

それだけではなく、このような農村復興のための諸要素と併せて従来の農村啓蒙を再検討すべきである。農民の貴重な時間の浪費を招いただけで、実質的にその成果をあげられなかった過去の無計画な各種の農村の啓蒙事業を単一化し、計画的かつ実質的な事業を再編成し、農村生活を改善させ営農の技術を改良し農業政策は常に農業生産を増進させることに貢献しなくてはならない。

いまわれわれは、自立経済体制を確立し、富強な経済基盤をつくるため、国民の努力の結集を要望している。したがって、国家の綜合的な経済復興政策の一つとして、わが国の農業政策は、経済開発五カ年計画を推進する上に重要な役割を果すべきである。このような意味から、革命以後、われわれの努力を結集し、農業生産を増強し、さらに農村復興を達成させる努力がその計画全般の成敗を左右する重大な比重を占めている。

また、経済開発計画において、連関産業としての農業の重要性を勘案し、農村の電化と工業化を推進することによって農村の遊休労働力を利用し、山林の造成と治水事業で、用材と電源を開発するなど綜合的な開発は農業生産を向上させ、農家所得の上昇を図り、これが工業生産物の有効需要を誘発させることによって、結果的にはわが国の経済を大きく成長させ、自立経済の確立はその実を結ぶようになるであろう。

七　協同的な福祉社会の秩序

近代産業社会はすべての人間に安定した生活を確保する前提をつくったのである。すべての市民は、年老いた時か廃疾の時には、国家から最低の生活保障と保護を受ける権利をもっている。とくに英国のごとき福祉国家では「ゆりかごから墓場まで」の社会保障ができている。一般に、後進民主諸国においてこのような国民の権利が法律的に、社会的に確保されうる経済的な力量が充分成長しなかったため、かかる国民の諸権利が実効をおさめ得なかった。しかし、将来におけるわれわれが志向する社会においては、生活の保障を受けられる国民の権利と、老年者および廃疾した国民を保護できる国家の義務が双務的に着実に遂行されなければならない。わが国も、国家の総体的な経済成長が実現されるとすれば――もちろん革命政府がこれのために最大の努力を傾注しているが――現代福祉国家の機能を充分遂行するため国民の公的年金制、または公的保険金請求権を新設して、その法が社会的に実効をおさめうるようにしなくてはならない。

「ゆりかごから墓場まで」の国民各自の最少限の生活を社会的に保障することは、民主的な協同社会の義務である。したがってわれわれは、なるべく短期日内に戦傷、失業、疾病、災害などの各種社会保険をつくり、養老年金制度を設置し、最低の賃金制度を実施できるよう努力すべきである。

このような諸社会保障制度が実施されることによって、この地に住むすべての人間が、人間らしい生活を確保できるようになるであろう。このようにしてはじめて国際共産主義のおそろしい伝染病を完全に排撃することができ、共産党との政治的な対決において大韓民国の二千五百万の国民の力量をそのまま発揮できる条件も備えうるようになるであろう。

また国民の健康をかえりみることは、国家の重要な義務の一つである。医療施設の設備のために国家はそのおのおのの脅威に対する充分な配慮が必要である。しかし、私の考えるところでは、解放後十数年の間、わが国の医療機関が国民的な健康を保ちそれを継続的に発展させるために自己の義務を全うしたとは考えられず、とくに国民保険を実現させるために責任をもっていた従来の政府も義務を充分に果たしたとは考えられない。したがって、革命以後の将来においては、わが社会だけではどこの国にも劣らない健全で明朗でしかも強力な社会を実現させるため、その一つの条件として国民の健康維持発展をわが社会の窮極の目的としなければならない。都市、農村、漁村を問わず、職場や住居の公衆衛生施設を完備することは、国民の肉体的、精神的な健全化を期する上に大きな一歩となることを忘れてはならない。

われわれは漸進的に、各職場の衛生、安全施設を全国的に改善すると同時に、公共住宅の拡充によって、バラックの建物をなくし煤煙を防止し、上下水道を完備するなど居住地域の改善について地方自治体の自発的な事業を積極的に助けるべきであり、これを促進しなければならない。われわれは国家の施策を通じて国民の隘路と困難を聞き入れてやる政治をし、庶民大衆に経済的な恵沢を与える政治を実現させなくてはならないと確信する。

われわれが今後、健全にして協同的な福祉民主社会を実現させるためには、社会的には国民の健全な家庭生活が併行されるべきである。健全な家庭生活は、政治的、経済的な活動に先立って民主々義的社会の最も基本的な土台となるのである。国家は、前にも指摘したとおり、国力が許すかぎりにおいて、社会保障制度を徹底させることはもちろん、またかかる保障制度を徹底させることによって夫婦親子の愛情を中心とする幸福な家庭生活がそれぞれに保障されるよう努力すべきである。各自の幸福な家庭が実現されずに健全な民主社会が花を咲かせることは不可能であり、親子の愛情と人格を中心とする幸福な家庭生活が各個人に実現されずに、協同的な民主福祉国家の実現はあり得ない。残虐で非人道的な国際共産主義者は、自由民主々義的な政治的諸要件を拒否するとともに、何よりもまず国民各個人の神聖なる家庭における個人生活の自由を抑圧し、家庭における私生活の尊さを冒瀆したのである。健全にして協同的な民主社会においては、国民各個人の幸福な家庭生活をそれぞれに、国家機能によってでも保障させるべき時局に処しているといえる。しかし、国家の力によって幸福な家庭生活を保障するといっても、家庭生活の内部に国家の力を浸透させるとか、国家が干渉するという意味では決してない。

わが国の民主化の大衆的な基礎を拡大させる上に、欠かすことのできない決定的な要素は労働組合およびその他の勤労者の団体の健全な発達といえよう。もちろん、解放後十数年の間、われわれには名だけは労働組合その他勤労者の団体がたしかに存在はしていた。しかし、そのような労働および勤労団体は実際に労働者や勤労者の利益のためというよりも、むしろその時々の執権層の政治的な布石のための圧力団体としての道具に転落していたか、さもなければ、労働者および勤労者を搾取する労働貴族に落ちていつたのである。われわれは今後いかなる方法をもってでも、従来のよくない前轍を、労働組合または勤労者団体の指導者各自がふまないように新たな方策を立てなければならない。私がこの問題をとくに強調するのは、労働者、その他勤労者の団体の健全な発展は民主的社会の支柱であるからである。今後わが国は、このような団体の内部運営に干渉せず、その自主的な運営と活動に障碍となるものを除去し、その発達と成長を極力助けなくてはならない。とくにこのような勤労者、団体の自主的運営と活動なくして健全な勤労者団体の運動と発展が達成されないのであるから、共産主義破壊分子が内部的な攪乱と陰謀に労働組合を積極利用している確証が表われない以上、労働組合運動の内部に国家が干渉するわけにはいかない。むしろわが国のようなところでは、かかる運動が団体本来の姿をもって育つよう国家は積極的に助けること以外にない。

とくに、中小企業労働者の権益擁護を図る組織化も、積極的に助けなくてはならない。国家の積極的な支援と併せて団体構成員自身も積極的に団体運営に関心をもち、その団体が幾つかの指導者の恣意による脱線行為を牽制し、とくにその団体が過分な特殊利益を性急に主張するあまり、健全にしてかつ協同的な民主社会の全体に、不当な、または激しい打撃を与えないようとくに留意しなくてはならない。

われわれはまた青年がもつ理想への意欲、清潔な倫理感を高く評価せざるを得ない。しかし、今日の社会においては、若者がもつ期待を背信する場合があまりにも多い。故にわれわれは、いくらわが国が経済的に苦しく、社会的に混乱していても、若き世代に未来への希望と期待をもてる諸施策を施行しなくてはならない。とくに老年者と壮年者は現実の中に生き、青年は未来の夢の中に生きているといえる。従来の政権は、われわれの若き世代に未来の夢を与える施策を施してくれなかったため、かえって一部性急な青年たちが苛酷な法の審判を受けるようになったのかも知れない。したがって、若者たちが夢と希望を抱けるように、社会計画に参加させると同時に各自の力でこの計画の弊害を克服できるよう指導しなければならない。

それと同時に、若い者は若い者なりに、自分の生活を自ら習得し、将来における社会に対し責任を自覚できる能力を養わねばならない。したがって国家と社会は、一つの家庭がその家庭に教育を受けられる能力を強化させ、それが不充分な場合にはその家庭を助け、そしてまた必要な時にはそれを代行するという課題を担っているのである。また青年たちが情熱を捧げられる職業的能力を育成するためには一般的に教育扶助や訓練扶助が必要なはずである。

また、年少者労働の保護は社会関係の発展と教育上の諸経験に応じて行われなければならない。若者たちの人格の発展のための教育と援助の必要を充足させるため、最も進歩的な青年法を制定すべきである。青年の教育、指導、保護に関するあらゆる生活能力において、青年の福祉がそのいずれのものよりも優先できることを考えねばならない。若者たちは、良かれ悪しかれ、窮極的にはこの国の柱であり、いわばこの国を継ぐ長男である。

青年に対する国家の特別な関心と併せて、女性に対しても特別な考慮を払わねばならない。その理由は、男女同権は法律的にも、社会的にも、また経済的にも必ず実現されるべきであることは、私権の基本的な要求であるが、しかし、わが国においては、数千年の伝統的な因襲のため、かかる権利が冒瀆され無視されることが多々あった。しかし、民主々義が発展し、それが正当に国民の日常生活の土台の上で成長するためには、女権の伸長なしには現実的に不可能である。かかる意味から、教育や教養の形成、職業の選択、職業活動および報酬に対する可能性は男と同じく女にも与えられなければならない。もちろん、同権といっても、それは女性の心理的、生理的特性に対する配慮を無視するものになってはいけない。したがって、主婦の家事は職業労働として認めるべきである。主婦つまり母親は特別な援助を必要とする。未就学児童および就学児童をもつ母親が経済的な理由から職業をもたなくてもいいように、あらゆる努力を集中すべきであり、またかかる社会が一日も早く実現されることを望む。

八　民主的理念と文化と教育の新たな秩序

個人の創造的能力は、豊富でかつ多様な文化生活の中でのみ自由に発展できるということは東西古今を通じての真理である。今後われわれが指向する協同的民主社会は、個人の創造力が充分に発揮できるよう、また国民の豊かでかつ多様な文化生活が営めるよう努力しなければならない。このような多様で豊かな文化生活の中でのみ、個人がもつ創造力それ自体が完全なものとなるのであり、また国民の社会的生活も精神的に充足されるものである。

わが国の文化政策は、すべての文化的能力を鼓舞し促進するものでなくてはならない。しかし、従来のわれわれの歴史を見れば、李朝時代は封建的体制であったし、日帝時代は日本の植民地的な支配体制であったし、また解放後には導入された形式的で似而非民主々義が生んだ政治的腐敗のため、事実上すべての国民は、あらゆるわが国の文化的能力を鼓舞し促進させることができなかった。われわれの多くの有形無形の文化財は、いま博物館や地下室に眠むっているのが事実であり、有能で活力のある文芸人たちが、発表と創作の機会を失い僻地に見捨てられたまま新しき時機を待っている。それだけではなく、文化も一部職業的な人士だけが享有でき、一般国民大衆、とくに農漁民や勤労者はこのような文化から隔離されていた。そうかと思うと多くの都会民たちは、奢侈と放縦と流行を文化だと錯覚していたようである。なんでも外国産のレッテルさえついていれば良い商品と思い、洋風を匂わせれば文化人だと思い、赤や青のネオンサインが輝きさえすれば国民の矜持が高くなるものと思う似而非文化観念がわが国民の心を捉えてしまっていたようだ。

国民大衆を文化に接近させると同時に、文化を生活化してわれわれ固有の民族文化を創建していかなくてはならない。したがってわが国が、現実の要求に従ってわれわれがもつ文化を他国と交流させる場合でも、文化の国際的交流はあくまでもわが国の文化の主体性と価値性を発見した時はじめて可能であるから、まずわれわれは何よりも先に民族固有文化を発掘保護し、ひいてはこれを海外に紹介する一方、海外文化の自立的な摂取を期して相互理解の増進を図る国際文化交流を促進させねばならない。

このような点からしても、文化再建がわれわれにとっていかに緊急を要するかを痛感するものである。もっともこの課業を完遂するには、前に述べたごとく、何よりも個人の文化的創造能力が向上しなければ文化再建はできない。あらゆる文化的能率を鼓舞し、促進する上に忘れてはならないことは、国家は国民の精神的、文化的生活を自己の目的に利用しようとする権力集団や利益集団から国民を保護することである。

しからば、文化再建において宗教や教会の正しい姿とはどんなものであるかをここでしばらく述べてみたい。宗教とは異なる思想をもつ人間を同一の価値の人間と認める相互の寛容によってのみ、より実質的で多くの人間的、政治的、共同生活のための確固たる基盤となるのである。

国家は宗教と別個の領域に属する。したがって宗教の目的もまた国家の目的とは異なるからその国の政治的な影響と圧力から独立的に存在しなくてはならない。国家は教会制度や宗教団体の活動を尊重し、その法律的な保護、独自的な使命、そしてその独自性を肯定しなければならない。しかし、信者が、宗教の束縛から脱け出て社会的事件に対する義務を感じる社会的責任を負うことも肯定しなくてはならない。

思想、信仰および良心の自由と言論の自由は守るべきであるが、宗教や世界観に立脚した言論が、党略的になったり、親共的になったり、反民主的な目的のために悪用されてはならない。

すべての人間の才能と能力を自由に発展させることは、教育と教化によってのみ実現されるのであり、ついてはすべての人間に教育と教化の機会を最大限に保障しなくてはならない。教育と教化は、現代における画一化の傾向に対する抵抗力を強化するものでなくてはならない。

この抵抗力が強化されてこそ共産主義的な人間画一化に対する反抗の培養源となりうるものである。よって文化的遺産を学び習得することや、現代の社会生活を形成する力に精通することは、すなわち独立した思考と自由な判断力を形成する基盤となるのである。

青年は下級および上級の学校において、自由、独立、社会的責任意識を互いに尊重する精神を共同で養い、民主々義と国際間の相互理解の課業に参加できるよう集団的な教育が必要である。一つの集団的な教育は、あらゆる世界観と価値体系をもつわれわれの世界においては、理解、寛容、博愛、責任に対する自覚と態度を整えるうえに一助となる。

芸能教育や生活教育に関する実習は、教育の中で最も重要な位置を占めなくてはならない。国家や社会は教育の実施によって、芸術および芸術活動に熟練できる最大の機会を賦与する義務がある。

われわれの歴史と伝統が文弱に流れたため、体育教育に対する国民の関心が低い。体育は各自の健康に有益あるのみならず、社会的連帯の精神を形成する上に本質的に有用なものであり、とくにわが国のごとく、外交に巾の狭い国では、体育を通じての国際間の相互理解と親善の機会を拡大するためにも絶対不可欠な課目であるといえる。したがって、五・一六後の国民教育の施策がたとえ実際諸要件に遅れはとっているが、可能な限りにおいて体育に対する一般国民大衆の関心とこれに対する理解を促進させなくてはならない。また、国家はスポーツと体育教育と社会のあゆる分野において促進させる義務があると思う。

そして一般教育は、過去のごとき形式上の延長よりも、実質的な充実に最善を期すべきである。基礎学校から上級学校に進学する教育過程では、すべての才能を充分発揮できないから、働きながら職業学校ないし特別教育施設に進める別途の教育コースをつくることによって、高等教育資格を取得できる機会を与えるべきであり、卒業の看板だけを目的とする高等教育機関は淘汰されるべきである。のみならず、すべての教師は学術的な専門学校において養成されなくてはならない。立派な教育をするためには、その時々のあらゆる問題を独自的に取扱える教師の人格が必要であると私は考える。

何故私が教育についてこのように考えるかというと、私自身師範学校を出ており、一時は教師とし人知れぬ苦悩を味わって見たからである。事実、従来わが国の教育は常に一線教育本位ではなく、教育行政を担当する人のためにあるかのような印象を多く受けた。教育の目標は文教部のためにあるのでもなく、道教育局のためにあるものでもなく、あるいは学校長のためにあるのでもない。教育の目標は、一線教育の改善向上を図るものでなくてはならない。元来とくに民主々義教育における教育制度および教育行政は、一線教育を改善、向上させるためにあるのであるが、過去における教育制度や教育行政はむしろそれ自身のために一線教育があるもののごとくに制定され、運営されていたことが偽われない事実であろう。

まずわれわれは学制を改編してその運営を正常化させるべきであり、教育税制を改革して無償義務制を実施すべきであり、教育行政機構を一元化して教育の独立と一線教育本位の行政態勢を確立すべきである。そして過去におけるわれわれの学校なるものが、当事者には気の毒であるけれども、学校経営を営利下に堕落させるか、家族財産の共同就業所となるか、個人の出世の足場に転落してしまったため、青少年の教育を正しくさせることもできなかったのみならず、またよしんばできたとしてもその教育が正常なものではなかった。

とくに国力が弱く経済的に後進性の残っているわが国の情勢から見れば、学校というものは、青少年を教育し、それによって自分の育った郷土の開発を促進させ、それに貢献しなくてはならない使命をもっているにもかかわらず、従来の学校の設立と運営が、その郷土の生活程度向上に寄与したものも凡そなく、郷土生活の向上におよぼした実績も殆どなかった。

田舎に育ち、貧しい暮しの中でお金を貯めて教育させた結果、その教育の効果は、その地方とは関係もないネオンサインの輝く都会にだけ集中してしまった。それ故に、われわれはまず郷土離脱、形式本位の学風を打破し、郷土民の教育参与を促進させ郷土開発に直結する学校経営態勢を確立しなくてはならない。

それだけではなく、各分野にわたる生産能力の養成はわが国産業の近代化と併せて国家自主経済再建に絶対不可欠なものであるが、従来のわれわれの教育を見れば、進学を目的とする教育にのみ傾き、進学本位の教育つまり紙と鉛筆の教育にだけ傾注していたため、教育がもたらす窮極的な経済の効果面で損失が至極大きかった。したがってこの機会にこのような間違った教育の方向を是正するために、まず実技教育を強化補充し、教育課程を是正改編して施設の確充を期し、実技重点の教育を実施しなければならない。

また、口先きだけの民主教育を止揚し、民主々義の実践を通じての学生の生活指導に改善すべきであり、形式と理論にだけとどまっていた社会教育を実質的に強化し民主国家建設を図る基本資質を涵養しなくてはならない。

最後に、私が平素考えていた学問と芸術に対する所信を述べて見たい。まず学問の研究と指導は、東西古今を問わず自由にできてこそ、その国家が発展すると信じている。学問と芸術の自由な研究なしにその国が歴史上長らく名声を轟かせた国はない。

それだけではなく、学問と芸術に対する研究の成果は、一般大衆が容易に接近することができ修得できる形によって広く発表されなくてはならない。そうすることによって学問は象牙の塔の中でのみの学問ではなく、芸術は劇作家の頭の中だけの芸術でなくなる。一般大衆と結びつき、一般大衆の生活経験の内容を豊かにする、すなわち国家社会に貢献する民主社会の学問と芸術とならねばならないからである。かかる学問と芸術が可能であるという前提のもとでのみ芸術とその学問の社会的責任性と倫理性は発揮できるものである。またこのような学問と芸術の自由な研究と指導のために国家の財政的な事情が容認する限りにおいて最大限の支援と共に公的な資金を与えなくてはならない。

また国家はこのような研究の結果が人類に害を与えないようにするため用意周到な関心を傾けるべきである。原則的に高等教育機関の自由と独立には、国家が干渉してはならない。しかし高等教育機関は現実の国民生活から遊離されてはならず、それがためにその他民主的な諸団体とくに成人教育団体と充分な協力をしなくてはならないと考える。

芸術の創造は自由にできなくてはならず、国家や地方の自治団体は創造的表現力の発揮に支えとなる方策を講じる義務があり、芸術の発展が規制、とくに、検閲によって制約されてはならないと信ずる。自由であって、さらに自由の責任を負える社会こそ、共産主義者に勝利をおさめうる唯一の基盤であると信じてやまない。

最後に強調したいことは、学者、教育者、科学者、芸術人および文人たちは、わが社会において尊敬されるようにならなくてはならないと同時に、祖国再建の先鋒となるべきである。

革命公約

一、反共を国是の第一義として、従来の形式的であり口号だけにおわった反共体制を再整備強化する。

二、UN憲章を遵守して国際協約を忠実に履行し、米国をはじめ自由友邦国との紐帯をより鞏固にする。

三、わが国社会のあらゆる腐敗と旧悪を一掃し、頽廢した国民道義と民族正義を正すため清新な気風を振作する。

四、絶望と饑餓線上で喘ぐ民生苦を早急に解決し、国家の自主経済再建に総力を傾注する。

五、民族の宿願である国土統一のため、共産主義と対決できる実力の培養に全力を集中する。

六、(軍人) このわれわれの課業が成就されれば、斬新にして良心的な政治人たちに、いつでも政権を移譲し、われわれ本来の任務に復帰する準備を整える。

(民間人) このわれわれの課業を早急に成就し、新たな民主共和国のゆるがない土台をつくるため、われわれは身と心を捧げて最善の努力を傾注する。

一九六二年三月一日　韓語初版
一九六二年三月十日　韓語再版
一九六二年五月三十日　日語初版

著　者　朴　正　熙
訳　者　李　慶　守
発行者　馬　淵　孝
印刷所　サンケイ印刷株式会社
大阪市福島区大開町三丁目三四

発行所　株式会社　東和新聞社
東京都中央区茅場町二―一八
電話東京代表（六七一）八四八八番
大阪市東区博労町五―二七番地
電話大阪代表（二五一）〇二三七番
韓国特別市中区武橋洞二
（源昌ビル）電話②二三六〇

東和新聞社版，
初版の表紙カバーと奥付

韓民族の進路　復刻増補版

二〇二三年七月十二日　第一版第一刷

著　者　朴　正　熙
訳　者　李　慶　守
編　者　金　慶　昭
発行者　唐澤　明義

発行所　株式会社　展望社
郵便番号　一一二-〇〇〇二
東京都文京区小石川三―一―七　エコービル二〇二
電　話　〇三―三八一四―一九九七
FAX　〇三―三八一四―三〇六三
振　替　〇〇一八〇―三―三九六二四八
展望社ホームページ http://tembo-books.jp/
印刷・製本―株式会社ディグ

定価はカバーに表示してあります。
落丁本・乱丁本はお取り替えいたします。

ISBN978-4-88546-432-4 C0023
2023 Printed in Japan